慶應義塾
体育会空手部
木曜会
警視庁
正義の力。
消火器
FIRE EXTINGUISHER

——慶應義塾体育会空手部、木曜会

毎週木曜日、慶應義塾大学の片隅にある道場に明かりが灯る。
そこにいるのは、空手界の父・船越義珍を師と仰ぎ、学生時代を過ごした男達。
彼らは師の技を伝承し、さらに研究を深め続けている。

木曜会稽古内容

18：30　準備体操
基本
形分解研究（約束組手）
月の研究形
週替わりメニュー
（月の研究形、（公財）全日本空手道連盟指定形、慶應義塾伝承形、組手形、移動基本等から１つ）
19:50　整理体操
20:00 ～ 21:00　懇親会

18：30　準備体操

基本

形分解研究

週替わりメニュー

月の研究形

整理体操

■本著の作成にあたった眞下欽一氏（詳細８、９ページ）。船越義珍師範（彼らは「大先生」と呼ぶ）に学んできたもの、自らが積み重ねたものを残し、また次の世代が作成する時に模範になればと語る。

■道場には大きな鏡が貼られており、各自動きを入念に確認しながら稽古している。

■眞下氏が主催する日曜ゼミナールの面々。空手道における身体の使い方を重点的に学び、公認段位などの資格取得への意欲も熱い。

■長い手足を持つ眞下氏。かつて「クモ」と呼ばれていたこともあったとか……。

■岩本明義氏（詳細 10、11 ページ）。眞下氏の先輩にあたる彼は、稽古中常に全体の動きに目を光らせている。

■先輩方の指導をビデオで撮影し、残そうとする研究心も慶應イズム。

■稽古中は、集中のなかにも和やかな雰囲気が流れる。学生時代からの友人と続ける、生涯空手がここにある。

■参加者氏名が書かれたノート。

■「来るもの拒まず」という木曜会には、国内のみならず海外からの参加者も多数訪れる。意欲ある者に、大先生から受け継いで来た技術を惜しみなく伝えているのだ。

■木曜会のメンバーは、全国大会でも活躍。日本スポーツマスターズ 2014、形２部第３位・組手３部第５位の豊田浩（写真左）と、組手５部第５位の和田光二（写真右）。

■ 2014 年 8 月 21 日（木） 1,757 回目の稽古にて撮影にご協力いただいた先生方。

前列左より：光岡正彰、成田正彰、大橋洋二、眞下欽一、岩本明義、奈藏宣久、和田光二、新井久之

後列左より：小林廉一郎、太田博、Henry Bellinger、斉藤富士夫、谷田茂、境野孝、田辺泰三、大内正明

（敬称略）

眞下　欽一

木曜会の魅力

「木曜会は開始以来1,750回以上も続いている週一度の稽古会です。岩本明義さんを頂点に、（公財）全日本空手道連盟の公認有段者20名前後が出席して後進の指導も行っています。空手を楽しむために稽古している人がほとんどですが、（公財）全日本空手道連盟の公認段位に挑戦している人が多く、会員の技術面での成長は著しいですね。」

（ましも・きんいち）
1933年、東京府東京市下谷区（現東京都台東区）生まれ。1951年に慶應義塾大学入学。先輩の命で大先生（船越義珍氏）の送り迎えを担当していたことも。1957年に同大学体育会空手部コーチ就任し、1965年から1969年同部監督を務めた。眞下氏は、かつて空手部道場建設を大学側に内緒で行ったという剛胆を併せ持つ（現在では大学認可の建物となっている）。（公財）全日本空手道連盟公認八段および（公財）日本体育協会上級コーチ資格を所持。現在、木曜会日曜ゼミナール班の幹事を務めている。

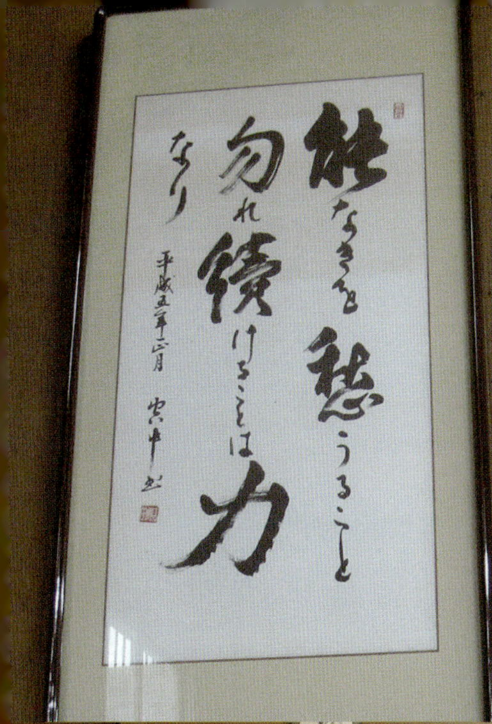
能なきを愁うること勿れ続けることは力なり

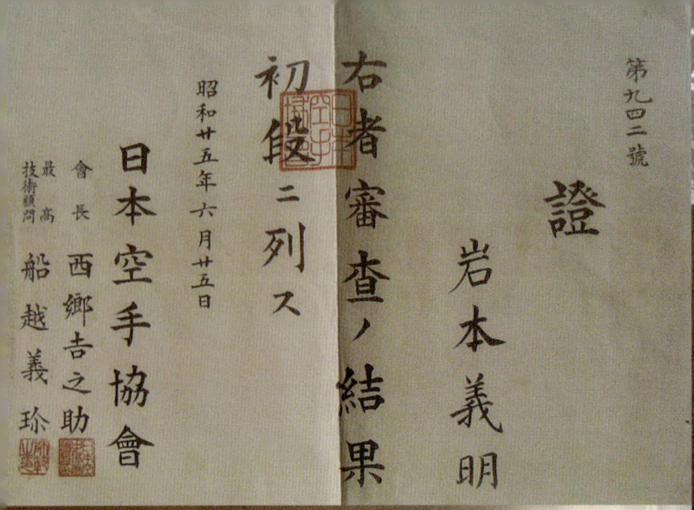
第九四二號

證

岩本義明

右者審査ノ結果
初段ニ列ス

昭和廿五年六月廿五日

日本空手協會
會長 西郷吉之助
最高技術顧問 船越義珍

岩本　明義

「三田空手会の歴史の中で木曜会は35年であるが、その中には先輩方の厳しさと優しさと、伝承されている型を正確に伝えて行くことを目的として始めた会です。来る者、去る者総てに友愛をもって接し、如何なる時も礼節を忘れず長幼の序をもって時空を超えた空手習錬の場である。心から先輩方に感謝をもって伝統を受け継いでいる方々の集いです。従って小生もその上に立てる一人の修行者、友人、であります。同時に生涯空手を目指すことが出来る幸を共有する会であります。」

（いわもと・あきよし）
1928年、東京府豊多摩郡渋谷村（現東京都渋谷区）生まれ。1943年に現在の慶應義塾中等部の前身である慶應義塾商工学校に入学。1946年、慶應義塾大学予科に入学とともに、體育會空手部入部。1951年、慶應義塾大学を卒業。1951年から1983年まで慶應義塾體育會空手部コーチを務める（下記監督就任時は除く）。また、1955年には慶應義塾大学初代監督に就任。監督就任にあたり、望月康彦、眞下欽一、鈴木博雄、原英二４名のコーチ就任を願い出、島谷英郎部長・小幡功師範の了承を得る。また、この時期より各学校との交歓稽古などの交流が盛んになり、試合制度・ルールもほぼ出来上がって第一回全日本大学空手選手権大会が開催される。1961年に監督を辞任、長年の指導に対し功労賞が贈られる。1956年からは、高木房次郎審査委員長のもと、昇段進級審査副委員長就任。1983年に昇段進級審査副委員長を辞任。1950年４月慶應義塾體育會空手部師範・船越義珍先生より初段を、同年６月には日本空手協会（西郷吉之助会長）・船越義珍最高技術師範より初段を授与。1974年には小幡功師範より慶應義塾體育會空手部六段を認可され、沖縄の最高十段を所持する３名の各師範が来校の際に慶應義塾體育會空手部七段を認可される。

和田　光二

「木曜会は、私にとって大先輩のお元気な姿に触れ、勇気づけられると同時に自分を確認できる場になっています。また、伝承形を守っていくという使命感と充実感が得られます。」

（わだ・こうじ）
1949年、神奈川県生まれ。1962年慶應義塾普通部入学後、1972年卒業。1972年から1976年にかけて慶應義塾体育会空手部コーチを務める。1997年から2001年同部監督に就任後、2010年からは慶應義塾高等学校監督として指導にあたっている。三田会理事・進級昇段審査委員長。（公財）全日本空手道連盟公認六段を所持し、同ナショナルチーム後援会実行委員、国際武道大学非常勤講師（空手道）など幅広く活動。1970年第1回世界大会では個人戦優勝、団体戦準優勝。第14回・第15回全日本学生選手権大会で個人戦連覇。日本スポーツマスターズでは、2008年に組手4部優勝。2014年に組手5部第5位。

賞
優勝
日本 和田光二
あなたは第一回世界空手道選手権大会個人戦
(親善)において空手道精神にのっとり優れた
宣仁親王
良一
NIPPON
Mr. Koji Wada
Nobuhito
H. I. H. Prince Takamatsu
Honorary President
October 13, 1970
In recognition of the excellent Karatemanship you have displayed at the Friendship Tournament (Individual Match) the First World Championship Tournament, you are hereby awarded the prize mentioned above.
The First World Karate-do Championship Tournament

大橋　洋二

「木曜会は1977年慶應義塾体育会空手部の形を正しく残したい、と4名のOBが稽古を開始したのが始まりです。時の流れに伴い出席者も変わりつつありますが、空手に対する情熱と愛情は変わることなく続いています。木曜会の理念を一言で言えば”恕”（その身になって他人の気持ちを思いやること。また、他人の立場になってゆるすこと／孔子の言葉より）でしょうか。他者への思いやりが道場に生き続けています。
“世界で一番楽しい空手「木曜会」”をモットーに”来る者拒まず、去る者は追わず”（孟子の言葉より）の下に、会長、会則を定めず運営等についてはその都度出席者で相談して決定しています。特に楽しいのが、稽古後に道場で開く懇親会、冷たいビールとおにぎり、この飲食と会話が情と思いやりを育んでいます。こだわりのない人間関係が木曜会をさらに味わい深い会にしています。」

（おおはし・ようじ）
1941年、東京都生まれ。1959年慶應義塾大学入学。1994年から2001年にかけて慶應義塾体育会空手部普通部監督を務める。また、1995年から慶應義塾体育会空手部進級昇段審査員も兼務。（公財）全日本空手道連盟公認6段、（公財）日本体育協会空手道上級指導員。1962年に全日本大学空手道選手権大会優秀選手。

奈藏　稔久

「90年の伝統を尊重しつつ行う、地道な稽古を通じて船越義珍翁の技法、心法を訪ねる楽しさや、おそらく実際には一生に一度も使用しないであろう究極の技術を一生を賭けて磨き、学び続ける楽しさが木曜会の魅力です。」

(なぐら・としひさ)
1946年埼玉県生まれ。1953年に幼稚舎入学後、1965年に慶應義塾大学。1969年から79年の10年間に渡り慶應義塾体育会空手部のコーチを務め、1984年から1986年に同部の助監督、1986年から1988年に監督を務める。1994年からは幼稚舎、中等部、女子高監督を歴任し指導にあたる。三田空手会の現副会長であり、2007年から2014年現在、進級昇段審査委員長も務める。（公財）全日本空手道連盟教士・7段、組手全国審判員、形地区審判員、（公財）日本体育協会空手道コーチ。1966年に第2回東日本大学空手道選手権で優勝、最優秀選手賞を受賞。2012年には第2回関東マスターズ空手道競技で形3部優勝、組手6部優勝を果たした。

太田　博

「木曜会は、昭和 53 年頃より、今に続いており、40 年近い伝統があります。その間、過去の名選手をはじめ現在の子ども達まで、奥行き深く幅広い世代が空手研鑽に務められていることが魅力です。現在の空手技術を追いながらも、伝統の技術の確認を行っております。皆が和気あいあいとしているのが良いですね。」

（おおた・ひろし）

1945 年、満州国新京生まれ。1965 年慶應義塾大学に入学、1969 年卒業。現在、慶應義塾大学の進級審査委員と医学部・志木高校・普通部のコーチを兼務。三田空手会では理事と松涛同門会の幹事。バングラデシュ（2006 年 10 月～ 2008 年 11 月）とタイ（2009 年 7 月～ 11 月）のナショナルコーチも務める。（公財）全日本空手道連盟公認六段、組手地区審判員、（一社）東京都空手道連盟 A 級審判員、（公財）日本体育協会空手コーチなど多数資格所持。2001 年第 1 回日本スポーツマスターズ組手 4 部準優勝。

成田　正彰

「慶應の形を残すという目的意識は有るものの、特段の会則は無く、“来る者拒まず去る者追わず”という大まかなルールの下、参加者夫々の目的を持って稽古を続けています。こうした自由な雰囲気は生涯空手を目指す者にとり、大変有り難い場です。」

（なりた・まさあき）
1940年東京都生まれ。1953年に慶應義塾普通部入学後、1961年には慶應義塾大学へ入学。2004年から慶應義塾藤沢中高等部空手部コーチを務める。また、2014年からは三田空手会少年部空手部監督として指導にあたっている。三田空手会評議員（元三田空手会理事事務局長）を務める。（公財）全日本空手道連盟公認六段、（公財）日本体育協会空手道上級指導員。三田空手会功労賞受賞。

小林 廉一郎

「木曜会の魅力は、船越先生の直弟子である岩本・眞下両先生のご指導の下、慶應義塾伝承形の継承と研究を行っている点と、『来る者は拒まず去る者は追わず（自由）』、『地位・肩書きに関係なく（平等）』『互いの演武について意見を述べ合う（博愛）』という気風です。」

（こばやし・れんいちろう）
1959年、東京都生まれ。1980年、慶應義塾大学入学。1986年慶應義塾大学大学院卒業。三田会では2000年12月から現在まで広報委員として会報編集、行事取材、議事録記録等を行う。2003年4月から2005年まではIT委員兼務。（公財）全日本空手道連盟公認四段を所持。

矢島　壮太郎

「慶應義塾体育会空手部の創部以来、先輩方が伝承してきた慶應の形を木曜会で稽古し、研究に励み、次の世代に引き継いでいくことは大変意義のあることだと思っています。また、稽古後の懇親会で自由な雰囲気の中交わされる様々な会話も大きな魅力ですね。」

（やしま・そうたろう）
1941 年、東京都生まれ。1957 年、慶應義塾高等学校入学。1964 年同校卒業。慶應義塾体育会空手部主務を務める。三田空手会ではかつて事務局長を務めた。（公財）全日本空手道連盟公認六段を所持。

豊田　浩

「木曜会は、先輩、後輩の分け隔てが無い事、先輩方の稽古での少年の様な目、空手に対する真摯な取り組みなど、行けば行くほど更に稽古を積み、精進したくなる所が魅力である。稽古後の車座の懇親も楽しく、いつも爽やかな気分になります。」

（とよだ・ひろし）
1961 年、東京都生まれ。1967 年慶應義塾幼稚舎　に入学し、1983 年慶應義塾大学卒業。1983 年から 1989 年まで慶應義塾體育會空手部コーチを務める。また、同部の助監督を 1989 年～ 1993 年、監督を 1993 年～ 1995 年、コーチを 1997 年～ 1999 年と歴任。三田空手会常任理事、進級昇段審査委員、広報委員長を兼務。全日本空手道連盟公認 6 段、公認地区審判員、日本体育協会公認空手道コーチを所持。全日本大学では第 4 位、東日本大学第 3 位（優秀選手）、全日本学生代表（メキシコ遠征）。日本マスターズでは 2001 年に形 1 部準優勝、組手 1 部第 3 位を果たし、また優秀選手（10 年連続出場）表彰受賞。2014 年には形 2 部で第 3 位、組手 3 部で第 5 位。

■慶應の形に惚れ込んだフランスの空手家・シリル氏のDVD・書籍作成に参加された先生方

鈴木　博雄

「木曜会には発足後、続けて参加しています。10名～30名弱のOBが常時参加し、会員は和気あいあいとした中にも、伝統空手の本家としての誇りを持って研鑽に励んでいます。「来るを拒まず、去るを追わず」の方針の下、時には他校のOBも参加し切磋琢磨しており、通算1760回を超す貴重な場です。」

（すずき・ひろお）
1932年、東京都生まれ。2014年5月没。1938年慶應義塾幼稚舎に入学、空手部には1948年同高等学校進学時に入部、1955年に慶應義塾大学を卒業。1956年より慶應義塾体育会空手部コーチを務め、2006年からは慶應義塾湘南藤沢中・高等部監督として指導に尽力した。三田空手会幹事・理事。三田空手会六段、関東学生空手道連盟公認審判員資格を所持。幼稚舎から大学まで全世代の空手部員を長年指導・育成し、三田空手会より2度功労賞を受賞した。

大先生

船越 義珍

本書の表題「拳」の文字は船越師範の書によるものであることをここに明記する。

■ 1950 年代の眞下氏と鈴木氏。

序

小生が著者と最初に出会った昭和26（1951）年春、私は3月に卆業し、彼が入学、そして空手部に入って来た。館林高校の時から空手を修練し、すでに黒帯として文武両道を備え、わが部にとっても有望な青年であった。幸なことに彼の家も神田であったし、私も同じ区に住んでいたので、自然と年は離れていても、家族ぐるみの親しい仲間となった。それから早63年が経っている。この書は武道でもあり、格闘技である空手は難しく、入りにくいスポーツの一つでもあるが、この本をよく読み、多くの実達者の写真と解説を参考にすれば、健康の為にも、精神的な支えとしての空手を覚えてゆくと確信します。

特に基本的「型」について忠実に練習していけばそのうち更に深く求めていく心も備わるし、〝継続は力なり〟といわれるように自信もつきます。今、世界でこの空手と云う日本から創り出された技が、競技人口が5,000万人とも云われています。そして競技者として又武道が出来るということは、人生の大いなる糧となることでしょう。

著者が65年以上、企業人としても成功し、かつ生涯空手の追及者としての経験を基に、世に贈る空手道を通して、精神と実技を習得する教科書を推薦する者です。因みに小生と著者は、沖縄より本土に初めて大正11（1922）年に空手を紹介され、ご自身も終生本土に留まり、日本は勿論のこと全世界に普及なさった大恩人であり、教育者でもあった「富名腰義珍」先生から生前ご指導を賜った生き残りの弟子でもあることを、書き添わせて頂きます。

平成26年10月

岩本明義

慶應義塾体育会空手部OBの眞下欽一氏がこの度、「拳〜熟年空手と慶應の形〜」を発刊されました。

慶應義塾体育会空手部は本邦大學最古の空手部として本年部創立90周年を迎えます。この間多くの卒業生が実業界で又空手会で活躍されてこられました。真下欽一氏は、大學卒業後も稽古を続けられ、他方ネジ業界大手として㈱タカシマを率いてビジネスマンとして大成功をおさめられております。正に、慶応義塾体育会が目指す文武両道を実践されておられる方です。

眞下欽一氏は、慶應木曜会を通じて、船越師範空手の継承、慶應の伝統技法の研究を実践されておりますが、同時に、全日本空手道連盟高段位を取得され、日本体育協会指導者資格を取得される、更にはマスターズ大会に参加されるなど、近代空手、競技空手に対しても積極的に取り組んでおられます。私共慶応空手部のOB、OG団体であります三田空手会としましても、伝統技法の継承と競技空手の推進は、車の車輪と捉えておりまして、どちらかに偏る、どちらかが欠けるということは好ましくないという考え方から、現役空手部員、三田空手会が一体となって、いわば二兎を追いかけております。

現在世界の空手会は2020年東京オリンピック、パラリンピックでの空手採用に向けて全力を挙げております。本邦におきましても更に空手人口を増やす、サポーターを拡充していくということは喫緊の課題であります。このような状況下、眞下欽一氏の本書が、年代、性別を問わず広く活用され、多くの方々が空手に親しみ、空手のサポーターになっていただければと期待しております。
眞下欽一氏は、船越義珍範と直接会話し、指導を受けた方で、現在も稽古を継続されておられることからもご理解いただける通り、一慶應空手のみならず日本空手界にとりましても貴重な存在であります。私共三田空手会は今後も眞下欽一氏とともにたゆみない稽古を続けていく所存であります。

2014年10月
一般空手法人三田空手会
会長　奈藏宣久

著者の眞下欽一氏は私にとって慶應義塾體育會空手部の大先輩であります。いや大先輩という言葉を遥かに凌駕する偉大な存在であります。
昭和34年（1959）私が普通部（男子中学校）で慶應空手の門を叩いて以来、眞下先輩は今日まで知り得る、最も強烈、確固たる武道哲学の上に、最も華麗、強力な武技を体現した達人、大指導者であります。
そして「武道」の二文字を指導・修行の根幹に置きながら、スポーツ競技としての学連の試合に積極的に取り組んだ指導者でもありました。「前拳（刻み突）」がまだ試合の得点技としての地位を得ていない時代、これをいち早く「決め技」として大胆に稽古に導入したのも眞下先輩です。
昭和40年（1965）日本武道館初の空手試合－関東大学選手権で慶應を見事「前拳」で優勝に導き、その後の4年間慶應はその団体戦史上最高の戦績を誇ることになります。 その4年間、極めて中身の濃い指導を受けることができた自分にとって眞下監督は人生観、空手哲学確立の父であり、青春という辛く、甘い香りに凝縮された人生の一時期の羅針盤でありました。
今般眞下先輩が「拳～熟年空手と慶應の形～」という題の下に熟年者を対象とした中身の濃い、そして分かりやすい解説書、さらに一般的に松濤館として知られている以外の慶應の伝承形写真集を上梓されることになりました。
生涯を掛けた修行と研究の成果、就中熟年者を対象とした指導理論を拝見し、50年前の「前拳」導入時に似た驚きと空手に対するその造詣の深さ、視野の広さにあらためて感嘆しております。
一空手愛好家として、そして世界の空手に携わる者として満腔の敬意を以て本書を推薦いたします。

2014年10月

世界空手連盟（ＷＫＦ）理事
（公財）全日本空手道連盟理事
奈藏稔久

まえがき

この本を出版する狙いは二つです。

一つは、「古くから慶應義塾に伝わる形」を関心ある方々に知って頂く事であります。世界の大学の中で、最も早く沖縄の空手を取り入れた慶應義塾に、船越義珍師範がお伝えになった、平安、鉄騎、抜塞（大）、観空（大）等の、基本形 15 は広く知られております。しかし「初期に行われていた」、「15 以外の形」は、あまり正確に伝えられておりませんので、ご紹介する事に致しました。すなわち、抜塞（小）、観空（小）、五十四歩（上）、五十四歩（下）等他流派から教わった形を、初期の先輩方が船越師範のお許しを得て、立ち方の四股立を始め動作の一部を松涛館化したものがあります。これらを含めて、20 の形を皆さまにご覧頂き、知って頂いて、空手形稽古等のご参考にして頂く事であります。この本の大部分を占めている写真のページがそれであります。また熟年向けの解説という事で、この著作では組手の事には多くは触れませんので、予めお断り致します。

二つ目の目的は、形写真集の前にある文章部分に書かれております様に「熟年初心者向けの稽古要領」の説明であります。それは、熟年（年輩）初心者が実行すれば上達に役立つ、準備動作のヒントとかコツの解説であります。準備動作とは組手や形、基本形稽古以前のそして、どれにも通用する部分的な訓練であります。

男女を問わず、「そろそろ会社や仕事への勤務も定年が近づいたな、何か運動をやってみたいな、空手なんてどうだろうか」という方のご要望にお応え出来そうな事を記してみました。すなわち「私は空手なんて全くやったことがないが､知り合いの子供もやっているし、今からでも遅くないなら始めてみたいな」という方へお薦めのページです。

その他に「昔やった事があるが、初段を取る事が出来ないうちにやめてしまった、60 歳過ぎたがまたやってみたいな、黒帯になれたらいいな」といった、再挑戦を試みる方にご案内する手引書でもあります。もちろん、これを読めばスグ空手が強くなるとか、上達出来るなどという便利なものではありません。ご縁のある道場で稽古なさるとき、「あ、師範はこの事を体得させたいとお考えなのか」等が判るという事で、この文章をご参考になさると、大いにプラスになるだろうという類の内容です。

平成 26 年の今日では 60 歳以上の方を、シニアと呼んでいるようです。シニアに関してマスコミは「団塊の世代」と名づけて、これから数十年は国内消費の主役などと持ち上げていますが、大多数の方々はどう理解なさっているのでしょうか。横文字を乱用して、団塊の世代を困らせているマスコミの事も、アンケート等で皆さんの見解を正したいですね。経済学でもこの方々「熟年の方々」の今後の動向を注視しているこの頃であります。熟年初心者の皆さんは今、世間から注目の的になっております。空手の稽古で潜在的に持っている、熟年初心者皆さんの、身体能力とパワーを高めましょう。

空手の楽しさとは何か？

どんなスポーツにも、大変きつい稽古や練習はつきものでありますが、汗をかき軽い疲れを感じながら、「あー今日もやって良かったな」と、終わったときの何とも言えない、満足感を味わうのはいいものです。また、しばらく続けると、「あれ、こんな楽しさがあるんだ、面白いな」と、思いがけない発見をする人も大勢いるようです。そして上達し始めると、「へぇー何でこんな簡単な事がうまく出来なかったのかな」と、振り返る事もあるでしょう。短距離競走、高飛び、投擲、短距離水泳等、先天的な体質や体格がものをいう種目と比べると、空手の面白いところは、「私は運動神経が良くない方だ、体操は不得手です、身体を動かすのはどうも苦手なんだ」といった方々にも、自信を持ってお薦めできる運動だという点です。腕も脚も左右を均等に使うから良いとか、「全身運動だからメタボリック症候群の人にもってこいだ、美容に良い」等の事も本当です。

しかし運動はどうも気が進まないけど、空手の習得はどんなものだろうかという方も大勢いらっしゃると聞いております。そういった方々にお薦めの理由が他にもあるのです。その理由の中には、「日常生活ではあまり使わない筋肉の助けを、大幅に借りないと思うように技量が進まない」という事があります。元々腕っ節が強く喧嘩したら負けたことが無いという、生まれつきすばしこくて、先天的に腕力の強い人もおります。そういう人は平衡感覚、運動神経が優れている上、日常生活で使う筋肉の量が多く、かつ脂肪と比べて筋肉の割合が多い人です。

しかし武術の基礎を初めから原理原則に沿って訓練すると、空手の場合、１～２年程で喧嘩に強い人と比べて、あまり腕力の差が無くなってしまう人の例を沢山見ております。つまり先天的に優れた身体機能に恵まれない人でも、無理なく十分に強くなれるのが特徴の一つです。

日本古来の武術ではない

もともと空手は沖縄由来の武術ですが、武器を持たない我身に危険が迫ったとき、どうやって自身を守るのか、何をやったらその危機を避ける事が出来るのか、に応える護身術から出発しております。この種類の格闘術は、古くから世界各地に沢山あったようです。空手の場合は、沖縄がかつて琉球王国でありました徳川時代の後期に、島津藩との戦に敗れて、武士が武器を取り上げられた事などが契機になったと言われております。

この時代の琉球王国は対外交易が盛んでした。中国大陸とも昔から行き来しており、大陸古来の武術である中国拳法が、冊封使という唐のお使いや、貿易相手の文化使節等によって伝えられて沖縄古来の素手の格闘術と融合したものが、今日の空手になったと言われております。また天竺（インド）から達磨大師によって仏教と共に、少林寺に天竺の拳法が伝えられ、その天竺の護身術が中国全土に広められたという説もあります。

その中国拳法と沖縄古来の武術が融合して誕生した武術は、大正時代の半ば（1920年前後）に、ティー（手）、またはトウデ（唐手）と呼ばれていた「主に素手のまま、突く、蹴る、打つという類の技で身を守る、“護身の武術”」でありました。

大勢の達人の中で、沖縄首里の師範学校の先生でありました船越義珍（ふなこし・ぎちん）先生が、大正11（1922）年の事、文部省（現文部科学省）主催の第一回体育展覧会の場で、沖縄尚武会会長としてこの護身の武術を、唐手術として公開なされました。慶應義塾大学法学部でドイツ語の教鞭をとっておられた粕谷真洋教授が、新聞の広告でこの事を知り非常に強い興味を持つに至りました。そこで粕谷教授は豊島区目白雑司ヶ谷の唐手研究会本部に船越義珍師範を訪ね、自宅にお迎えしました。結果、船越師範に唐手術のご指導をお願いして自ら入門なされ、ご指導を受け稽古に励みました。大正 13（1923）年 4 月 12 日に初段に任ぜられ、続けて大正 14（1924）年 6 月 27 日に二段に列せられるに至りました。粕谷教授自らの体験から、この武術は学生の体育向上と、教育、礼節に極めて有益であるとの信念を持つに至りました。そこで船越先生を学校に招き、学生 3 人を集めて学校の許可を得て大正 13（1923）年 10 月 1 日、慶應義塾大学内に唐手研究会を創立するに至りました。世界初の大学空手部の誕生であります。以降、粕谷教授を始めとする、草創期の先輩方学生達のご努力、創意工夫と、関係者のご協力があいまって、昭和 7（1932）年 10 月 15 日に慶應義塾体育会の一つの部として、正式に認められる事になったのであります。

平成 26（2014）年現在、空手の流派が 300 以上あるといわれていますが、人数が多い流派が 4 つあります。松涛館、剛柔流、糸東流、和道流であり、更に他の多くの流派が集まった連合会があります。

著者は松涛館の慶應義塾体育会空手部出身ですから、出来るだけ慶應義塾の空手部やその OB 団体である三田空手会の伝統的な考え方に沿って説明を進めていきます。

昭和 32（1957）年に全日本学生空手道連盟が結成され、この年から日本の大学で、空手の試合が始まりました。昭和 30 年代初め迄は、空手は試合をやらない武術、危険だからやってはいけない武術、あるいは、試合はやれないもの、と教えられてそう思い込んでいました。しかし、いくつかの大学空手部の部員が不祥事件を起した事を契機に、当時の文部省（文部科学省）が大学での空手の稽古の実態を調査した結果、次のような見解に達しました。「空手そのものは特に、悪いもの危険なものではない。しかし、教え方が統一されていない事が原因で不具合が発生している。それは流派が多数あり、主張が異なるし稽古への指導体系の中に問題がある可能性がある。これを是正するには、他のスポーツのように、試合のやり方を考案して試合制度を確立し、全日本チャンピオンを作ることが早道である。何とか工夫して試合のルールを作るべきだ。」として、歴史ある慶應義塾大、東京大、早稲田大、拓殖大等の空手部 OB 団に強い申し入れをしてきました。

OB 団の人達は大変困ったのでありますが、「武術空手の『スポーツ的な部分』を取り出してルールを作ろう」と苦心しました。突き、蹴り、打ち、の勢が強い打撃や、かわした直後の反撃が、相手に受ける事の出来ない状態のときに寸止めで極まったならば、それを有効打としよう。そして「これなら申し分の無い一撃だな」という技を「一本」とし、「もう少しだが惜しい」と思われる一撃を「技あり」と判定し「技あり二回で一本」にしようと決めました。「この『寸止め』は、相手を壊さないから、長期にわたって試合を継続する事が出来る。」という点が多くの関係者に支持され、更に競技化されて、今日の広がりをみせるよう至ったようです。

関係者のご努力の結果、昭和 45（1970）年には、現在の世界空手連盟（WKF）の前身である世界空手連合（WUKO）が誕生して、海外に雄飛した先人達の、ご苦労があった所へ、競技空手が普及された結果、日本の空手は世界中に広まりました。世界空手連盟に加盟するところは、平成26年現在で、187の国と地域、競技人口は5000万人もおります。

茶道、書道、華道、香道等でいう、「道」、という言葉を使う場合は、数百年前から、その技芸を、仏教が主張する「萬物流転」「輪廻転生」の宇宙観を念頭に置いて採用しているようです。そしてその見方と関係が深い「悟りへの道」と結びつける事によって、「熱心な稽古」と「精神統一」との相乗効果により、一足飛びに高いレベルへ到達する事を狙った場合に使っていたようです。更に明治時代になると、この「道」の意味について柔道が主張する「相手を敬う姿勢」「謙虚で周囲から尊敬される言動」「大勢から慕われる生活態度」や「自他共栄」を念頭に置きながら、稽古に励むという内容を加えるようになってきました。日本人の望ましい生活態度については、古くは明治時代以前から、禅宗関係の寺子屋で重視されて参りました「教育指針」が参考になります。それは「洒掃」(さいそう)、「応対」(おうたい)、「進退」(しんたい)をまず教え、その次に「知識」(ちしき)を教える事でありました。「洒掃」とは、無理の無い、無駄の無い、油断の無い生活態度であり、「応対」は周囲の方々との円満な人間関係つくり、「進退」は然るべき地位からの退き方の事であり、これらが身についたら、その後に「知識」教育を行ったものだ、と言われております。現在の教育は西洋に見習い、知識教育から始めておりますが、「寺子屋での教育方針」は教育者や政治家経営者等、上に立つ日本人の姿勢について非常に参考になる事ではないでしょうか。

さて余談であり、どうでも良い事かもしれませんが、平成26(2014)年現在、昭和30年代から、昭和40年代にかけて、慶應義塾体育会空手部でコーチ9年、監督4年のお手伝いをした私は、松涛館の商標登録を保持しておりますから、私が所属している慶應義塾体育会空手部は、大学の空手部として最古参であると共に、法的にも正当な松涛館である、と私は主張している訳であります。

さて慶應義塾の塾祖福沢諭吉は、塾員へのスローガンとして、**①知徳の模範②気品の源泉③時代の先導者**を念頭に置くようにと指導なされました。筆者は空手の稽古だけでなく、仕事にも良く当てはまると思い込んでいて、実践に努めて参りました。何事にも弱いより強い方が良いに決っていますが、上記の三条件を兼ね備えた上での強さには、社会人として大きな値打ちがあります。また文武両道を追求するという事にもなるのであります。余分な事かもしれませんが、ご参考にして頂けると有難いです。

初心者全般の方々にお薦めしたい事の一つは、どうせ空手の稽古に励みなさるのなら、公益財団法人全日本空手道連盟(以下、全空連)が「公認する指導員」の資格を取得するなどの目的をお持ちになる方がよい、という事です。指導者の資格に挑戦するには公認段位が必要です。更に熟年の空手初心者の方々は、概ね体力が若い方々と比べて、年々見劣りするようになるのが普通であります。お薦めしたい事の二つ目は、効率よく段位を取るには「公認指導員の資格」をお持ちになっている方に教わる方がお得ですから、是非ご参考になさって下さい。

目次

掲載形

第１章　形――審査のポイント

１　形について

A　形は空手の「教科書」である

形は昭和年代まで「型」と書かれていたが、平成年代になって「形」と書き表される事になった。形は、受け、突き、打ち、蹴り等、空手の基本的な技を組み合わせたものである。当三田空手会では形を空手の「出発点」または「原点」というべきもの、すなわち空手の「教科書」だと位置づけている。形は稽古のやり方によっては、初心者から熟達者に至るまで、技術の上達を著しく促進出来る内容を包含している。

B　形は「決闘の予習」である

形は多勢相手の場合も仮想した「決闘の予習」である。すなわち「順番を決めた､シャドーボクシング」のような、一人でやれる一連の独学独習的な訓練動作である。

C　「習得内容」

形により、殺気立った複数敵との格闘中における、有利な「身のこなし」を学ぶ事が出来る。すなわち、負けにくく、勝ちやすい、「動作のくせ」を体得する事が出来る。

１）負けにくい癖

受け技のやり方と要領、下段を守る足運び、腹式呼吸や筋肉の瞬間緊張と瞬間弛緩による、ボディや四肢の防御、脇空けの少ない手技による脇腹損傷の減少、鈍角回転（大回り）や、跳躍回転による平衡感等の養成が可能になる

２）勝ちやすい癖

身体全体を使った受け手や、反撃技のやり方と要領、体勢の崩れにくい攻防法、察知されにくい攻防法、歩幅の伸張等を体得出来る

D　「特徴」

１）仮想の上に成り立っている
２）多数敵をも仮想している
３）護身を目的としている
４）身体各部を武器や防具としている
５）主に突き、蹴り、受け、等の「打つ」技で決着をつける
６）急停止しても崩れ（よろめき）を防ぐ事で、相手がつけ入る隙を減らす
７）脱力、呼吸法、緩急差、回転力、脚力の活用要領、日常使わない筋肉の活性化、上達に欠かせない体の感じなどをつかめる
８）追い込まれないがゆえに、必要な「筋肉の使用順序や筋感覚」を、早く体得出来る
９）組手で崩れた姿勢や、軌道、運足、肩流れ等好ましくない癖を修正しやすい
10）技術上の固有の欠点を、改善しやすい（高段者への可能性を高めやすい）

11）幼年、少年、女子、老年、虚弱者をも、無理なく上達させる事が出来る
12）初心者に正しい技を体得させやすい
13）礼儀正しくなる
　　その代わり
14）組手に通用する「タイミング」の、感じは得られない
15）組手に有利な「距離感覚」をつかめない
16）組手に有利な「得意技の訓練」、勝ちパターンの体得は困難である

2　形審査のポイント

A　極め

1）ビシッとした動作＝力×技のスピード＋急停止

B　スピード

1）全身移動や回転のスピード

C　安定

1）力の配分（上半身と下半身の分離、右側と左側、夫婦手の按分）
2）立ち方と運足
3）腕、手首のかたちと軌道

D　正確さ

1）蹴り
2）姿勢
3）目
4）気迫
5）肘、膝の位置

E　その他

1）モーションレス始動の癖
2）脚締めに伴う全動作の同時停止
3）全動作のつなぎ（伸縮、強弱、緩急、間、呼吸等の組み合わせ）

第２章　形――演武のポイント

１　上虚下実

手技の場合、まず上半身は胸を張り、お尻を後方へ出して、背骨は前後左右に傾く事なく真っ直ぐに保ち、姿勢を正す。左右の肩甲骨同士は近づける。肘は一般に止まったときも動いているときも、両外側にはみ出す事の無い状態を保ち、上半身の力は出来るだけ抜く（筋肉を柔らかく保つ）。前進後退などの移動が無く「その場で」手技を極めるときの力は、大部分を下半身に集める。下半身に力を集めるには、出来るだけ短い瞬間に、内腿やお尻を意識的に固くし、両足裏を互いに引き寄せあう。一旦入れた力はすぐに抜き､筋肉を早く柔らかい状態に戻す事が大切である。低い立ち方は有利であるが、上半身の力を抜きにくくなってしまうような、広すぎる歩幅は不利である。

２　動作中の体は柔らかく

前後左右に移動したり、回転したりするときは、必要最小限の筋肉以外は使わないように癖をつける。特にスピードを要する部分の関節は、一動作毎に柔らかい瞬間を動作途中のどこかで確認しては、肩や胴体の回転、捻り、揺さぶり等､「腕以外のエネルギー」を使って、拳を飛ばす癖づけをする事が望ましい。広すぎる歩幅は不利であるが、体重が一本足に乗ったとき、足首を充分に曲げる事の出来る低い立ち方は、癖づける方が有利である。

３　意味に合わせて、間を取る

複数敵相手の「決闘の予習」を想定して形を演武しているときには、次のような事を念頭に置くと良い。複数歩の前進が終り、別方向の敵に備える直前に、今の方向で後方にいる敵を、怖い顔して強く睨みつける事で牽制し、残心を置く意味で時間的な間を取るのは、上達を促進するための一つのやり方である。しっかり睨みながら、その間に力む必要のない多くの筋肉を柔らかくしてしまう癖も必要である。間を取った直後、特に180 度以上大きく回転する動作の考え方は、素早く行動する事で、スピードと平衡感覚を養成する訓練と、ゆっくり回転しながら油断無く睨みまわし、背後の敵を牽制しながら間をとる訓練との二通りの稽古法があり、共に必要である。

４　頭の上下動、首振りと、まばたきを減らす

その場での技や、移動、回転の際、頭が上下動したりどちらかへゆれると一瞬ではあるが相手を見失う。無意識の内にまばたきをするからである。0.4 秒と言われるまばたきでも、見ていない間に、丁度そのとき敵が動けば、自分が不利な状態になったり、その瞬間を狙われる可能性が出る。同時に頭が動けば、敵に攻撃を察知される事もあるからマイナスが多い。敵に気づかれない初動は、勝つために大変重要である。それには不必要な部分に力を入れずに、無表情で技を使う訓練が必要である。訓練には、一人で鏡

を見たり、あるいは誰かに見てもらったり、ビデオで撮ってもらい確認をするのが良い。

5　ムダな動きを減らす

手や足は出来るだけ、最短距離を通るよう訓練するのが良い。「この技は円を描くように、または大きく動いて威嚇する、または間を取るため」等、目的がある場合は別である。手技の場合は肘の使い方がとても大切で、肘が通る道筋は出来るだけ、体側からはみ出す事無く、かつ脇を大きく空ける事のないように癖づけたい。足技の場合は上体を柔かいままで、膝を軽々と速く高く引き上げ、その勢いを強めながら、膝の力を抜いた状態で足を素早く軽く振り、振った勢いで速く戻ってくる感じを掴む事も必要である。また、伸ばしきった所で止める事により、必要な筋肉を作る稽古も大切である。

6　呼吸を止めずに動作する癖をつける

最大限のパワーを出そうと意気ごむと、力むと同時に、どうしても息（呼吸）を止めてしまいがちである。苦しくなって敵よりも先に呼吸が乱れれば、不利になってしまい自分にとって何のプラスもない。息を止めずに動作する癖づけは、極めて重要である。禅や各種の精神統一、病気治療等にはもちろん、武術やスポーツにとっても「呼吸の仕方」はとても大切であるが、限られた紙面で充分に説明する事は困難である。また、「突く時は吐け」というのは原則ではあるが、総ての突きに適用しなければと拘る必要もない。短い間でも息を止める回数が多かったり、また吐く動作を何回も続けてしまえば、酸欠になってしまい、肩の上げ下げ幅が大きくなり息苦しくなってしまう。負けにくく勝ちやすい癖を体得するには、ゆっくり構えるといった動作のときに、吸うのは良いとして、突き、受け、打ちの際には吐くという原則にあまりとらわれずに、自分のその場その場の都合に合わせて、息苦しくならないように「吸える時に吸う」事が大切である。

7　前進後退時、手、足、腰の終了を一致させる

前後左右移動の際重心移動が終了し、ドンまたはスッと足が地に着く寸前に、突き、受け、打ち等の動作が終了して（極って）いるという筋肉の使い方も、稽古する必要がある。特に逆突きの場合このやり方で「身のこなし」を体得するとき、形の上達を促す。移動の途中で上半身の力を抜かないと、うまく出来ないからである。足甲への踏み込み時の手技は、音と同時に技を終了させるというやり方が多い。このやり方が正しいとか、良いとかいう事ではない。多くのやり方に馴染んでおかないと、戦いのさまざまな場面でうまく動く事が出来ないから不利になる、という事である。従って同じ逆突きでも、足がスッと着いた後で肩や腰を回して突くやり方も、区別して稽古しておく事は大切である。

追い突きや各種の受け、打ちも同様である。ただし「公認段位の審査」や「空手道競技の形試合」等の場合には、この原則は無視した方が有利な場合がある。むしろその時点の審査団が主張する重点方針に従い、あるいは審判団の傾向に合わせる事が得策であ

る。音の直前に手技を終らせるという事は、移動するエネルギーを活用するという事であり、摺り足の突きの効果を無駄なく発揮するという事である。この癖は組手でも有利に作用する。何故なら体全体で技を使う様子が認められるし、パワーが大きくなり、体が敵に近づく事により、間合いの中に入れる可能性を高めるからである。

8　敵を正視して、目をそらさない

騎馬立ちで臍が北を向いたまま東へ移動するときは、頭を傾ける事なく、顎を右肩に近づけ首だけ右へねじって進む。しかしその際、横目で見るのは駄目で、目玉（黒目）は目の真ん中に置くようにする。同時に鍵突き直後の寄り足では、両肩の線（臍の向きも）が斜めを向かないように注意する。また移動の途中に敵の目の付近を見続ける事はもちろんであり、突くとき、受けるときなど、手技が極まるときまたはその寸前に目をつぶるのは良くない。まばたきに要する時間は、まぶたが下りるのに 0.08 秒、閉じている間が 0.15 秒、上がるのに 0.17 秒、合計 0.4 秒程かかっていると計算する学者もいる位であり、この間に情勢が不利に変わってしまう可能性は大いにあるからである。

9　2 挙動の受け手は実用の工夫もしておく

下段払い、前腕内受けや手刀受けは形の中では折り返しがあり、2 挙動で教えられるが、体操化された空手を、初心者が訓練するには適正である。しかしそのままの動作では、1 挙動で来る蹴りや突きに対しては時間が長くかかってしまうので、おおむね間に合わない。また太い脚で蹴ってくるのを細い前腕で受けるとき、仮に間に合ったとしても前腕の角度によっては、力負けして蹴られてしまう。場合によっては前腕が折れる事もある。

八級から始めた場合の三級程度以上になった人は、拳の軌道をどのように変化させたら受かるのかを、試行錯誤して研究しておく方が良い。例えば敵が左手左足を前に構えて、右脚で中段蹴りをしてきたとき、八字立ちで構えたのでは不利である。右手右足を前に構え、右手は中段かやや上段に近く、左手は中段に構えて向かう。敵の右中段蹴りが飛んできたとき、右拳は杓子定規に左肩の上にもっていったらまず間に合わない。右拳は手前に引く事なく、右拳が触れていると仮想した正面の黒板に丸を描く要領で、黒板から離す事なく、大人の場合で、直径 30 ～ 50 センチ程の円周の左半分に沿って、回しながら受けるとき、受かる可能性が高い。数十センチでも真っ直ぐに、摺り足前進しながら回し受ければ、なお安全である。

10　拳や足が目標に近づくにつれ速度が上がるように工夫する

手技を使う場合に本気になり、「よーし、力一杯叩いてやろう」と思えば思う程、腕全体に力が入る。これにより強く打つことが出来そうに思ってしまうが、実際はそうならない。巻き藁は突けば突く程利かなくなる、と述懐なさる先輩もおられたが、それは、力の使い方が原因である。もしも突きの、動き始めから拳を極端に強く握り、腕全体に力を感ずるように力んでしまうと、手首や肘、肩等の関接を硬直させてしまうから、拳のスピードは希望する所と反対に、鈍ってしまう。野球のピッチングで「今日は○○投手の腕が振れていますね。コントロールが絶妙だし、よく球が走っていますよ。」という場合のピッチャーの手は、ボールがすっぽ抜けない程度に軽く握られているものの、肩、肘、手首の関節は無駄な力が入っていない状態になっている筈である。突きの場合、この状態と同様に拳が当たっても壊れない程度に握るものの、肩、肘、手首の関接は出来るだけ柔かく動かす事で、スピードが尻上がりに上向くコツを、試行錯誤しながら、体得するよう心掛けるのが良い。膝関節の力強い伸びや、上体の柔かい動き、あるいは上半身の小刻みな揺さぶりなどの影響で、拳が飛ばされ、なおかつ胸が張られながら極まるとき、腕が伸びきる寸前で加速度が大きくなる。

11　稽古回数と上達

幾つかの分野で、世界的に高い水準に到達出来た優秀な人達の、修行過程を研究した事例の中に、次のようなものがある。「どうやら天分、天才よりも努力の方の比重が大きいようだ。そして３つの共通点が挙げられる。１つは良い先生についた事。２つ目は一人稽古も熱心にやった事。３つ目はライバルより回数が多かった事。」であった。しかし社会人や、稽古時間が限られている人々には、一人稽古といえども、やたらと数だけ多くというやり方は薦められない。もしも１つの形を５回稽古するなら、4 回はスロービデオ並みのスピードあるいは超スロースピードで、力みは出来るだけ少なくし、正確第一で行なうのが良い。高い水準の先生に指摘された事を思い出して忠実に実行し、出来れば誰かに見て貰いながら、あるいは鏡を見ながら、姿勢や、拳、肘、足、膝、の止まったときの位置、関節の角度、止まる所までの軌道等が、より正確になるよう、仕向ける事がまず大切である。

次に大切な事は、どの筋肉から緊張させ始め、次はどれで、その次はどれをどう使うかを感じながら動作する事が大切である。特に普段の生活で、何気なくよく使っている筋肉はなじみが早いが、日常生活で滅多に使わない筋肉の場合、やっと使えるようになったと喜んでも、何日か使わないと、もう出来なくなってしまう。また普段の生活で使う筋肉のみで、上達出来る範囲の技では、上達も多寡が知れていて、生まれつき喧嘩の強い人を追い越す事は難しい。特に手技では腕以外の部分の動きを、大いに利用出来るようにしておかないと、大きなパワーは出せない。またうまく出来たこんな事が出来るのだと、喜んでいても何日間かやらないと体が忘れてしまうのである。この記憶は少しでも長持ちさせないともったいない。せっかく、しめたうまく出来たなと喜んでも、数日使わなければ、忘れて全然出来なくなってしまう事は日常茶飯事といって良い。

社会人の中には、毎日は稽古出来ない人が極めて多い。また困った事に、折角つかんだよい感じを、長持ちさせるコツというものは無い。従って極く大切と思われる動作の中で、生活の中に溶け込ませる事の出来る動作は、工夫して、日常生活に織り込んでしまう事が得である。特に 50 ～ 70 歳代ともなると膝が上がりにくくなってくる。しかし蹴り技の場合、膝が気軽に、上げられないと使える範囲が狭くなってしまう。平均的な生活で、朝起きてから夜寝る迄、膝を胸近く迄高く上げるチャンスは何回あるだろうか。朝起きてまずパジャマのズボンを脱ぐ、下着をはく、上着のズボンをはく、仕事を終って家に帰り、普段着に着替える時上着のズボンを脱ぐ、トレパンをはく、風呂に入る時トレパンを脱ぐ、下着を脱ぐ、パンツを脱ぐ、風呂から出てパンツをはく、パジャマのズボンをはく、という具合に数えると膝を胸近くまで高く上げようと意識すれば、特別な時間をとらなくても左右１０回づつは膝を上げる稽古が出来てしまうという訳である。

一年間で 3650 回胸に膝をつけようとする人と、そうしない人との違いは大きいだろう。この他に普段やらない事をやる際に、数分の時間を割いて柔軟性を取り戻すためのストレッチ体操や、腕や脚の稼働域を広げるための体操を習慣づけると、形の稽古に役立つのでお勧めする。特に、加齢と共に脚の裏側が伸びにくくなる。大人の場合、古くなって要らなくなった電話帳を５～６センチの高さに重ねて、踵を床につけたまま足の平の虎跡（親指付け根）を、電話帳に乗せて立ち、膝を伸ばして１分間程１日に数回、ふくらはぎの上の方が引っ張られる感じを味わう。この動作は生活に組み込める訳ではないが、膝上げと組み合わせると年輩者でも上段を無理なく蹴れるようになる。

空手の技をある水準に保つためには、良く出来たときの内部感覚（筋感覚、体感）に着目し、口で表わしにくい体の感じを、自分流に体得しようと努めた方がよい。電車に乗っているとき、椅子に座って誰かを待っているときなどイメージトレーニングで、今度はこうやってみようを繰り返す事も有効である。つまり沢山の試行錯誤の中で「あっ、これはいい」と思う感じを一度掴んだら、その時何回もその感じを追って繰り返し、その場でその技を 10 回中３回でもいいから、再現しようと努める事が第一である。

第二に１日後でも２日後でも余り何日も間を空けない内に、あの感じをもう一度、と追い求めて再び感ずるように努める事が大事である。

第三に、もしも前屈立ちで突きまたは受けなどがさっきうまくいったのに、どうもうまく再現出来ないと迷い、たまたま後ろ足（この場合軸足になっている）に力を入れてみたらうまくいったとする。しかし繰り返しても定着しないので、特にお尻の辺を固くしてみたら、うまくいきそうだと判ったとする。これが正解だったとしても、お尻は叩かれても余り痛くない所だけに、お尻の辺に神経細胞の末端は余り多くない。他人より早く上達したいならば、安直な固め方の、癖づけ方法を考えたらよい。方法の一つとして前屈で前進し、前足が着地するのと同時に、両手で自分の両尻を叩く。両手で叩くのがやりにくかったら、片手で後ろ足のお尻丈を、ポンと叩く動作を行なうといった刺激を 10 回 20 回と行なって、何十日か繰り返す事で締める速度を速くする事が出来る。

回数をこなす事は大切である。しかし充分に稽古時間が取れない人の場合、上記のような工夫で、感覚を鋭くしながら回数を重ねた方がよい。第四は大勢で団体稽古する場合より、一人でやるときの方が、感じは掴みやすいので一人稽古の中に、特に不得手の動作を意識して組み込む事が必要である。

第3章　形と組手

1　形で体得出来る事

形に出てくる技の中で、「突き」「蹴り」「打ち」等はほぼそのままで、あるいは少し変える事で、組手に使えるが、受け手はそのまま使える場合が少ない。大正後期（1920年代）に沖縄から本州に初めて、「て」（手またはティー、あるいは唐手）という呼び名で紹介された頃の空手は、稽古者の人口が減り始めており、関係者の間には絶滅への危機感が広がっていたという。

このままではいけない、何とかしなければと心配した船越義珍らと、同意見を持つ一部の人達は小学校中学校の体育や軍事教練等「学校の正課に組み込まれる事による存続」をはかった模様である。格闘技としての有効性を犠牲にしてでも、子供に覚えやすく、かつ身体の発育に良いかどうかや、団体で揃いやすいように、改造したようである。特に中学校の教師を務めた、船越義珍は最も早い時期に、京都や東京に出て機会を求めては実演し、この体操化したものを広めるようと努めた。世界中の大学の中で初めて空手の師範として、師を迎えた慶應義塾では大正12（1923）年に唐手研究会を発足させ、昭和11（1936）年には当時のOBと現役が350ページに及ぶ、空手の素晴らしさや、15の形の各動作を、科学的に解明し独特に考案した図案も駆使した「空手道集成」を発刊している。体操化された空手ゆえに、生の形では使いにくい技が有る事を知るべきである。

では何十種類と有る受け手の多くは、追い突きを受け難いし、組手試合や実戦に即通用しないからという理由で「形の稽古は、やらない方が得」なのであろうか。平成17（2005）年2月松涛同門会の松涛祭準備会の席上で、（公社）日本空手協会中原会長は「形の稽古を沢山やった人は、選手寿命が長いですね。」と述べている。長期にわたる稽古経験がある、関係者の大多数は、形と組手を「車の両輪」と受けとめているようだ。

組手の稽古に入る前に、形、基本、巻き藁、サンドバッグなど地道な「組手以外の基礎訓練」を一年とは、専念しない人が大多数になった、今日の平成10年代以降では、一寸（3センチ）前で止める約束の「寸止め空手」でも怪我をしやすくなった。メンホー、胸当て、拳サポーター、ファールカップ等が採用され始めているが、試合制度が始まる昭和32(1957）年以前には、このような防具は無かったし松涛館系の人達は、1年以上の間、まず基本の動作と共に、三本組手や一本組手という約束組手を正確に稽古していた。その次の段階で、今の組手試合にやや似ている自由組手をやっていたが、よく寸前で止まり、更に偶々顔以外に当たったとしても、基礎訓練による弾力に富んだ身体はそれ程痛痒を感じず、怪我は殆んど無かった。更に形を原点とした基礎訓練の結果下記のような、組手や実戦における、「負け難く、勝ちやすい癖」すなわち、格闘技に都合の良い動作の癖である「身のこなし」が体得出来たのである。ここに形を稽古する理由を見出す事が出来る。

A　＜負けにくい癖＞

1）ガード、ブロックや受け技のやり方と要領
2）下段を守る足運び (運足）
3）腹式呼吸や筋肉の瞬間緊張によるボデイ防御法
4）脇あけの少ない手技による脇腹損傷の防御法
5）鈍角回転や跳躍回転による平衡感覚やバランスとり

B　＜勝ちやすい癖＞

1）反撃技のやり方と要領
2）体勢が崩れ難い攻防法
3）頭が揺れずに移動できる、察知され難い接近法
4）歩幅伸張

C　＜その他形稽古による利点＞

1）脱力、呼吸法、緩急差、回転力、脚力活用法、慣れ、
2）日常使わない筋肉の活性化
3）追い込まれないがゆえの、「力の強弱」の体得し易さ
4）上達に重要な筋感覚の体得
5）技術上の欠点修正
6）組手で崩れた姿勢やフォームの是正
7）幼年者、年輩者、女性、虚弱者等の無理ない上達
8）相手不要

2　形では体得し難い事（相手が動く事により磨ける技）

1）攻防のタイミングの取り方
2）間合いつかみの感覚
3）得意技上達（ポイントを取れる技に慣れる）
4）駆け引き（誘い、フェイント）
5）連続技の組合せ訓練（打ち込み）
6）相手の様々な攻撃や反撃への対応法

形その他の基礎訓練と、組手類への「稽古時間の配分」は、上達レベル、試合迄日数、年齢、体質、超回復（過補償）時間、本人の希望等により日頃の計画を、1週間単位で見直すべきである。

第4章　空手道組手競技と空手武術

1　組手試合の始まり

昭和32（1957）年から大学の全日本学生空手道連盟が今の形式に近いやり方で、組手試合を始めた。それまでの空手界には「空手に試合なし」という伝統的な見方や考え方が強く支配していたから、試合というものは無かった。素手素足で戦う武術の中でも、瓦を何枚も重ねて割ってしまう様な強い破壊力がある突きや、五分板を何枚も一度に割ってしまう蹴りを持つ空手は、実際に使うと一瞬にして相手が強打されるし、かつ途中や直前に参ったを宣言する時間が無い。こういう危険な事は、やるべきではないし、やらせてはいけない、という意見が支配的であった。しかし船越義珍師範の後、短い期間に西日本地域で、宮城長順の剛柔流、摩文仁賢和の糸東流、関東地域で船越から分かれた大塚博紀の和道流を始め、沖縄から九州ほか西日本地域に、複数の師範が夫々の流派を名乗って指導を始めていた。普及され始めた空手は、特に各大学を始め急激に日本各地に広まっていった。

船越氏は教育者であり「空手がやくざや、与太者の喧嘩の道具にされたのでは困る。『空手に先手無し』『空手は礼に始まり礼に終る』を実地に移したい」との思いから、大学への普及に力を入れた。ところがその船越の門下生ですら、数が増えてくると、中には不心得な者が出るし、昭和30年前後になると傷害事件、殺人事件が続いて起こるに至った。当時大学を管理していた文部省担当者は事件の実態を調査した。結果、最古の歴史を持つ慶應義塾等、松涛館系大学のOBを招き「空手そのものは、不適切な体育種目ではない。しかし指導体系等統一され難いがゆえに、事故が続いて発生している。他のスポーツ同様、試合を行ってチャンピオンを決める事で、様々な管理がやりやすくなる。何とか智恵を絞り、試合が出来る様ルール作りに努めてくれ。」と要請した。

慶應義塾の小幡功、高木房次郎、早稲田の渡部俊夫、拓植の福井功、中山正敏達は依頼を受けたものの、前代未聞の要請に困り果てた。無理だと反論したものの、度重なる不祥事件を防ぐには試合しかない、との文部省の説得を受け入れざるを得なくなり、空手に含まれるスポーツ的な部分を取り出して、という事で、ルール創りに努めた。このような経緯から試合が始められたのであった。安全に配慮するものの、武術としての空手が持つ一撃必殺的な要因を出来るだけ残そうの思いは強く、勝負は「一本」とし、惜しい技を「技あり」にし、当時の自由組手にほぼ近いルールでスタートしたのであった。

昭和31（1956）年10月に大阪から帰京した私が久しぶりに道場へ顔を出すと、先輩方から「来年から試合が始まるので、お前はコーチの一人として岩本先輩を手伝い、学生を強化してくれ。」とのご指示を受け、13年間コーチを務めた。その間審判研究会メンバーの一員として、第一回発行の審判証No.8を受け、全日本学生空手道連盟（略称学連）が主催する空手試合の審判グループで、主審を務めてきた。次いで昭和39（1964）年に社会人を含めた、全日本空手道連盟（略称全空連）が誕生したが、審判形式は「立って動く主審1名と、椅子に腰を掛けて動かない副審4名」の学連方式でスタートした。何年か経ち外国への普及が進み、外国特に西欧諸国の意見が強くなり2名共立って動く、ミラー方式等を経て今の4名方式に至った。平行して日本の高段者審査の不透明さからくる様々な弊害が、日本の立場を極めて弱いものにしてしまい、試合開始当時の着眼点や思想は、大きく曲げられて、平成15（2003）年以降の今日の試合ルールに至っている。

2　組手試合ルール変化の方向

三田会OB高木房次郎専務理事が笹川良一からその職を解かれてからの、世界空手連盟（略称WKF）の主導権は､英語圏の白人達に握られた。全空連を代表する八段の方々は会議場で「英語が不得手であり、技に対する信念が乏しく、哲学を持たない」ゆえか、発言が少なく小さくなっている、とWKFの世界会議に出た人達は口々に言う。平成17年現在では仏、英等が主体となって改悪した様々な決定を、国内の審判、指導員向けの講習会で「この英文は多分こういう意味だろうと思う。」といった調子で明らかに従属した姿勢で、通達を取り次いでいるという、場面に出くわす。命がけの決闘で、仮に接近し過ぎたとき「頭突き」､「膝蹴り」､「肘打ち」等は極めて有効であるにもかかわらず、判定し難く危険という理由で、空手道組手競技（試合と略称する）では、平成15年から反則技になった。その他特に体格に劣る者にとって有利な技の多くが、禁止項目に加えられ、試合は空手武術からどんどん遠ざかっている。

戦いの中で良く結果が判るのは、自分と相手である。しかし試合では、観客に分かりやすいかどうかが極めて重要であり、それが念頭に置かれて審判ルールが変更されていく。従ってその突きが当たれば効き目が大きいかどうかより、すぐ引いたかどうか、メンホー等に軽く触れたかどうかが重要となる。なお他のスポーツでも有色人種が優勝すると、直ちに中心的な運営者である選民気取りの狡猾な白人達が、自分達が勝ちやすいようにルールを変更してきた事は稀ではないし、八段審査がフェアでオープンな方式に改善されない限り、これから暫らくは、この不合理なルール変更は続くであろう。

従って試合で勝とうとするならば、武術が大切にしている基本動作や形、約束組手自由組手の他に、ノックアウト効率に関係なく、審判がポイントにしやすい試合独特の技術も身につけて、その時々に有効とされやすい流れに沿うのがよい。例えば肩を流して突く、前傾姿勢になりながら突く、拳を強く握らずに速く突く、突いたら速く大きく引く等、恰も別なスポーツを新規に習うつもりになって、審判に迎合することが大切である。

3　組手試合開始以前――腕試しの交歓稽古

昭和20年代（1950年前後）あるいはそれ以前に空手を稽古した人達は、入門の心得として「空手に先手無し」､「空手は君子の武術」､「空手は礼に始まり礼に終る」､「一撃必殺の技は、使うと危険だから喧嘩に使ってはいけない」､「喧嘩を売られたときは出来る事なら謝って、なるべくいざこざを避けろ」「弱い者がいじめられて怪我をしそうだとか、 詫びてもどうしても聞き入れられず、身の安全が脅かされる場合のみ、止むを得ないとして正当防衛せよ」等を教わってきた。自由組手は茶帯白帯はやらない方が良い。何故なら正確な基礎が出来ないうちにやると、基本的な動作が崩れて、上達が遅れてしまう。
「まずは正確で基礎的な技術を身につけて、黒帯になる事が先決だ」と躾られてきた。誰もがこの説明を疑わなかった。当然そのつもりになって入門し、かつ約束して始めた者が大多数であった。しかし特に毎日のように稽古出来る高校・大学部員の場合、日々のノルマの様に一日何百回と巻藁、サンドバッグを打ち、基本稽古と三本組手、一本組手に明け暮れて、1時間以上稽古するのが普通であった。これを何年か続けている内に、どうしても自分の腕を試したくなってしまうのは無理からぬ話であった。当時試す機会は有った。
一つは夜分盛り場をうろつく事である。少しノロノロした歩みで、歩いていると、前方から肩をぶつけてくる奴がいる。さりげなくかわすと何も起こらないが、避けずに少し肩が触れたり、こちらからもぶつけるようにするとすぐ始まるのである。「てめえ、何しやがるんだ」といった調子で絡んでくる。口答えした時はもう、直ちに相手の平手打ちやパンチが、自分の頬や顔に飛んでくる。取っ組み合いの喧嘩を見てもその頃の見物人は止めようとしない。仮に警官が通っても、チラと見るだけで何も言わずに通り過ぎるのが普通である。喧嘩したい者同士が好きで勝手にやっている事を、良く知っているからだ。誰もがこれ以上続けると大怪我するな、という限度をわきまえていたから、どちらか勢いが無くなると手加減し始めるし、やられている方も「参った」を意思表示するからだ。
もう一つは交歓稽古とよばれている、激しい殴り合いだ。うわべでは「お互いに突き蹴りは寸止めし、当てるな。当たるのは技術が未熟な証拠で恥ずかしい事だ。拳は必ず止める事、いいな。」双方のリーダーが自校部員に強く戒め、かつ相手にそう宣言して開始するのである。しかし実際はお互いが、はじめから拳も足も止めようとはせず、激しく当てて戦うのである。それはその筈、前の日にどちらもリーダーが「俺は明日拳を必ず止めるようにと、大声で言うが止めてはいけない。思い切り当てるんだぞ。」と命令しているからである。
審判とか指導する者はいない。約束組手で受け手側の決め手は誰もが止めるが、攻め手側の突きは止めようとしない。強い者が勝つ。リーダー同士は戦いに加わらずに見ている場合が多いが、余程の事が無い限り止めようとしない。「始め」の号令から何分も経たない内に、ある者は鼻血ダラダラ、またある者は打たれた所の痛みで動けずに苦痛でしゃがんだまま、あるいはコーナーに追い詰められて参ったと言ったり、または組んだまま共に床に倒れ上になったり下になったりしながら、最後には首をしめたり金的を握ったりして勝負を決める組もある。このような腕試しは、強いと評判される学校同士で時々行われていたのである。
昭和20年代後半の慶應の場合、早稲田とは年に2回の定期戦をやり、双方共多くの怪我人を出していた。入部した昭和26（1951）年には、団体形、個人形に続き白帯10人ずつが総当りの三本組手、茶帯は数人ずつ総当りの一本組手、黒帯び数名ずつが1人1回ないし数回の自由組手を行なった。三本組手一本組手ですらも怪我人が出るのが普通であった。昭和27（1952）年には両校幹部が話し合って、当時の松涛館で最高段位四段制の基準による三段が3名いた拓殖、4名いた早稲田と、二段1名の慶應が協議して、知識人らしい安全な新しい方式の交歓稽古を模索した。自由組手の場合関係者が注目する中で一組ずつ出て戦い、初めて拓殖の三段に審判を依頼して怪我の無い交歓稽古が実現した。

このやり方が、5年後に始められた学連の試合ルールのベースになった。相手がガード出来ない時に突き蹴りが出て、寸止めで極まったとしても、攻撃側の体勢が弱々しく、拳や足にパワーが乗っていない場合「軽い」から駄目、間合いが適切でない場合「効かない」から駄目として、「一本」という有効打とは認めない。少し物足りないときには「技あり」とした。問題は「一本」にしたいが、当たってしまったときの判定である。明らかに止める意志が見られない、あるいは止める能力がないとみられる場合、または倒れて立ち上がれない状態になってしまったとき、「反則」の判定は理解しやすい。しかし同じような強さの攻撃が、軽く当たってしまっても反則にしてしまう審判がいる反面、かなり強く当たっても全く正反対に、見事な攻撃とみなして一本にしてしまう両極端な審判がいて、関係者に「変だな」との疑問を持たせる場面は往々にして見られた。この勝ち負けが逆転してしまう「有効打と反則の境界」が審判によって大きく異なり、関係者に疑念を持たれるという傾向は、残念ながら試合開始後50年近く経つ、平成17（2005）年の今日でも続いている。

結果、今の試合ルールでは1回2回の有効打で決めずに、6回8回と回数を重ねれば本当の実力が判るだろうという見解から、勝ち負け決定の回数を多くした。それなりの合理性はあるが、回数が多くなったのだから、軽くても有効打にしてしまえという方向に進みつつある。この事も試合開始当初の、出来るだけ短時間に倒して、次の敵に対応しようとする武術的観点から離れつつある。またある組手審判には見えない筈の、裏側の無効な技を有効だとアピールしたり、見える筈の前表側の技に対して、見えないジェスチャーをしたり、一瞬遅い方や抜けている方を有効視したり、全員が有効打を見落とし、逆判定する等ビデオで見る限り、審判技術の向上は実に進みが遅いままである。

4　組手競技と組手武術（約束組手や自由組手）

組手武術は「複数敵を想定」した「形」の実用化を念頭に置いたがゆえに、出来るだけ早く、成ろう事なら一撃で敵を倒し、次の敵に立ち向かう事を当然の事としてきた。この着想の延長線上にあった約束組手と自由組手は、昭和60（1985）年頃までの空手界の常識として尊重されてきた。しかし平成10年頃（1998年頃）に近づくに従い、欧州勢が徐々に世界空手界のリーダーシップをとるに至り、組手の動向は、かつて誰もが目指していた「高い殺傷能力」よりも、スポーツの特性である「安全」や「観客への判りやすさ、すなわちポイントの見えやすさ」「審判の判定しやすさ」の方へと向きを変えてきた。

安全と判りやすさを重視するがゆえに、接近戦での攻防は反則技として敬遠され、掴む事の禁止から引き崩す技が出来なくなったので、それら接近時や引き崩しへの対応は、必要が無くなったのである。更に拳サポーターやメンホーの着装により、組手競技における攻防の技術も自由組手とは、異なる方向に変化してきた。破壊力大小の判定よりも、早く届くかどうかの判定の方が多少判りやすい事から、拳を強くあるいは正しく握る事は不利となってきた。従って半分開いた握りでも、タイミングが合いさえすれば良いという突きや打ち、そういう感じの、軽い技が有利になってしまった。更に肩を流したり、前のめりになってでも、少しでも遠くへ届かそうという方式の突きや打ちが優先され、当然軸足（支え足）の踵は上げる方が有利となってきた。

組手競技での体勢は、基本稽古や形、巻き藁、サンドバッグ等で体得した要因のうち、昭和20年代から伝えられた根幹部分である、脚の締めや、必要以上に肩を流さない身のこなし等を大きく変更しないと、勝ちにくくなっている。形が「複数敵との決闘」を前提としているのに対し、組手競技が「敵を1人に限定」した結果、こうなってきたのであるが、これは極自然な成り行きともいえるのである。

形の場合のように「複数敵を対象」とするならば、最短時間で相手の戦闘意欲を奪い、なおかつ他の敵をも含めた「多数敵を倒すため」の効率を、念頭に置いた動作が求められる。同様に形から取り出して、その様な場面に出会ったとき役立つ様にと、繰り返し練習して来た、形上達のための基本にも、また形と基本のための、サンドバッグや巻き藁打ちの場合も、最大パワーを発揮しながらなおかつ、外されてバランスを失ったり、引き崩されたりしにくい強固な姿勢も組手競技では、かつて程重要では無くなってきた。

三本組手の稽古は、間合いとタイミングの取り方に慣れ、かつ引き崩されにくい姿勢を保ちながら、どこどこを狙って3回続けて攻撃するぞ、という約束のもとに進んでくる敵に対して、強く腕をぶつけながら一つには腕そのものを強固な武器と化してしまい、かつ勢いの強い攻撃に耐える事が出来る、正確な体勢での受けを、繰り返し鍛える事、そして軽微な攻撃が少々自分に当たっても、無視出来るようになる事等を狙っていた。

約束組手も自由組手も、形の上達を、暗黙の前提にした組手武術であり、攻撃側も防御側も空振り時の事も想定して「バランスを失ったり」「倒されたり」「引き崩されたり」されにくい姿勢が求められていた。そこにはその場での手技が決まる前後の「脚の締め――すなわち両脚の引き寄せ合い」や、反動返しに必要な「脚部」「胴部」など大きな筋肉の緊張や、体全体を使ってのフルスイングなどが重要視されるという事になっていた。また技術が進んだ者同士の場合、防御側の極め手を攻撃側が払っての再反撃では、乱戦における反射神経の訓練がなされていた。約束組手や自由組手では観客も審判も居ないのが普通であるから、手技による決定打を相手に判らせるために急所で拳を止めて見せる事が、ごく自然に行われていたのである。

約束組手の立ち方が前屈で、その場逆突きによる極め手を出すときの詳しい様子一つを取り上げても、様々な部分の筋肉の使い方や、筋肉使いの順番、あるいはコツの違いが考えられる。また微妙な点まで観察すると個人個人の体格、性格、反射神経、平衡感覚の違いによる癖も、千差万別である。どれが最良とはいい難く、そういうやり方があるということになるのだろうが、数え切れない程発生する戦いの場面ごとに応じた使い分けがあるのだから、一概にそのやり方は駄目という事もない。しかし形に役立つその場逆突きの「パワーを大きくする」事と、空振り等での「崩れ防止」の2つの要因を考えるとき自ずからこの点だけは大切という要因が幾つか浮き彫りにされてくる。

肩回転の速さ、腰回転の速さや、その回転を支える脚力を優先利用する事と、同時並行的に腕の力（手首関節、肘関節、肩関節の力）を最小限に抑える事、頭の上下動、左右前後への揺れ、倒れを防ぐ事、決まる寸前に最大スピードが出て、目的の位置でピタッと止まるように訓練する事などである。更に結果として突き・打ちの反動に対する、強い「弾き返し体勢」を作るための訓練として、軸足（後ろ足）の踵を正しく床に着けた状態での、巻き藁サンドバッグ打ちの数多い実行も、欠く事の出来ない事項となるのである。この点は組手競技の、「安全と見やすさ」を強く意識した、突きのコントロール（伸びきる寸前に、あるいは伸ばしきってすぐ引き戻す）動作とは大きく違いが出てくるのである。

拳を止めたのに軽く当たってしまって反則即ち「減点」と宣告される、場合があるかと思うと、同様あるいはそれ以上の強さで当たってしまってダメージを与えた場合でも、拳を引き戻しているがゆえに有効即ち「加点」扱いとなる場面が組手競技では間々みられる。従って決まる瞬間に手や拳や攻撃の武器となる部位を、引き戻す事に注力しないといけない。

脚・肩の動きや、止まったときの位置、かたちについては、形では重要とされていても、それを無視した組手競技上有利となる方式の連続攻撃用の基本と組手が、新たに求められている。そのために移動基本と「打ち込み」と呼ばれる、動く相手をつけての連続攻撃に対して、相手が数歩下がりながら反撃技を出すという約束での、訓練による慣れを念頭においた稽古に馴染まないと不利になってくる。

第５章　立ち方

１　稽古すると有利な理由

受け、突き、打ち、など腕や手を使って行う「手技」は一見、腕や手が主体になっているように見えるが、実はそうではない。片腕の重量は人体の総重量中、僅か数％しかないので、片腕だけに頼ってそれを最大限に動かしてみても、そのパワーはたかが知れている。格闘技の中でもボクシングなど、腕の打撃技〈手技〉で相手を倒そうとする場合は、腕自身の力や動きだけに頼るのではない。ボディの動きや、全身の力、あるいは前、横、斜め方向への移動エネルギーを、上手く活用するからこそ格段に大きなパワーを出せている。今立っているその位置で、移動せずに「その場で行う手技」の基礎訓練に、最適とされている事が「立ち方」即ち脚部の鍛錬という事である。何故ならば、その場での突き、打ち、受け、の勢いをより強くするためにボディの筋力や動きを活かす上、それにプラス脚力まで動員出来れば、身体全体を動員する事によって一層手技の勢いを大きく出来るからである。なお物理学の原則通り、百の勢いで突けば、当ったその瞬間に、百の勢いが返ってくる。その時もし支えとなる脚力が弱いまま勢いの強い相手に当った場合に、反動（反力）で自分の体勢が崩されてしまい、手技の効果は極めて弱くなってしまう。また軸足（支える足､または利き足とも呼ばれる反力を受け止める足）の底がローラースケートを履いた様に滑る場合は、やはり手技の効果は大変弱くなってしまう。

従ってその場で行う強力有効な手技には、脚力の強さと共に、足底の摩擦が大きい事が必要である。即ち強力な手技にとって、下半身の利用は欠く事が出来ない重要な要因なので、それを強化する事が立ち方鍛練の理由となる。立ち木に例えるならば、脚は根であり、ボディは幹であり、腕は枝であり、手は葉にあたるといえよう。立ち方が弱いという事は、根が弱く頼りないまま、幹や枝が大きくなれば、少しの風や外力で倒れてしまう事と似ている。同時に根が強固でも幹や枝が枯れ木の様に脆ければ、強風で折れてしまうが、幹や枝に柔軟性があれば、しなう事によって風の力を逃がす事が出来るから折れ難い。

これと同様に、腕に力が入り過ぎていると、ボディの大きな勢いや脚力を、無駄なく活かす事が出来ない。遠くへ石を投げるとき、あるいはピッチャーが豪速球を投げようとするときに、動作の初めから強く握り締めるとすると遠くへ飛ばないし、スピードは出ない。石やボールがすっぽ抜けない範囲で、出来るだけ軽く握って動き始めるとき、初めて距離やスピードが出るのである。

この理屈は位置を移動しながらの際も、移動直後の有利な体勢作りや、手足をつかまれたとき、崩され難い状態にしたりで、立ち方鍛錬はその場の場合も、また移動する場合にも、共通して有効に機能するのである。

２　立ち方の要点

同じ目的の立ち方でも､流派によって､脚の形､腰の高さ､歩幅､重心位置､呼称､等様々

に決められているが、重要な事は、手技を極めながらの動作と共に、上半身の余分な力を抜く事と、動作の途中で頭と腰の高さや足の間隔を変えない事が大切である。更に最も重要な事は、動作の終了に合わせて、両足を一緒に強く引き寄せ合う（近づけ合う）事、つまり「脚を締める」という事である。実戦現場での立ち方にとって、各会派が決めている形や足の位置はあまり重要ではない。必要なのはこの「脚締め」ひとつである。しかし昇段審査や、形の試合、等では各流派が定めた基準に合わせないと、不利な結果となるので、普段からその流派の基準に沿って、正確に稽古する事は大切である。

立ち方は日常生活の中に無い動作なので、時間があれば機会を捉えて、繰り返し点検する方が賢明である。なお前屈で逆突きするとき両足位置そのままで、ボディの重心を後から前へ移動する事があるが、この際初心者が両足を引き寄せ合う事は難しい。この段階では突きが終る時に軸足だけでも強く締める事が大切である。結果として両脚が締まればよい。

3　主な立ち方の種類

基本的な立ち方に共通する事は①上半身の背骨を真っ直ぐ立てる②上半身に力を入れない③顎を引く④胸を張る⑤脚締めを活用する⑥腰は無理ない範囲で、できるだけ低くする⑦膝頭が爪先の方を向くなどである。

A　結び立ち

重心位置中央、踵をつけて両足の内側を約60度開く。体操の気をつけの立ち方と同様に、上半身を直立させ、開手した指を伸ばして、両腿の外側につける。

B　閉足立

重心位置中央、両脚と両足の内側をピッタリつける。結び立のつま先を閉じた姿勢である。

C　八字立

重心位置中央、両踵を肩幅程に離して、両足内側を40度程に開く。多くの形を始める時の最初の立ち方である。

D　前屈立ち

重心位置3:7または4:6程で前側に置き、前膝を曲げ、後膝を伸ばす。臍は正面を向き、前足足刀は前方に真っ直ぐ向け、後足足刀は斜め45度位、前膝の向きは心持内側に閉めるように立つ。突きが当った時の反動を受けるのは軸足である後足なので、衝撃力を撥ね返す心積りで、後足の力強さを養成し逞しく支えるよう訓練しなければ、突きや受けは有効に機能しない。前後の歩幅（内側の間隔）は脛長プラス拳幅2～4個位が良い。
半身は肩のみ45度程廻す。
横幅は肩幅位。

E　後屈立ち

重心位置７：３または６：４程で後側に置き、後膝を直角に曲げ、前膝を軽く伸ばす。臍は真横を向き、前足足刀は前方に真っ直ぐ向け、後足足刀は真横を向く。顔は鼻筋真っ直ぐ正面に向け顎を上げない。後足足刀を壁に着けた時、後側腰骨と後側肩はやや壁に着くように姿勢を点検するとよい。前後の歩幅は脛長プラス拳幅１～３個位とする。横幅は拳幅０が良い。

F　騎馬立

臍を正面に向け足を左右に置き、重心位置は真ん中、足刀を平行に位置し、膝のくの字を正面方向に近づけて張りながら締め、両足幅は脛長プラス拳幅２～４個位とする。

G　猫足

重心位置１：９または２：８程で後に置く。前足の足刀は前方に向け、直ぐにでも前蹴りを出来るように上足底のみ床に着け、脛は鉛直になるように立てる。後足の内側は正面に対し30度程開き、体重の殆どを乗せて、足首と膝、を目一杯曲げる。前足踵と後足爪先の前後間隔は拳幅２～３つ位、臍は正面を向く。横間隔は前足踵の線に後足爪先が接する。

H　サンチン（三進、三珍、三戦）立

重心位置中央、左右の歩幅はほぼ肩幅、前後の間隔は後足爪先の線に前足踵が接する様位置する。前足足刀は30～45度程内側に向け、後足足刀は締めながら正面に向ける。即ち移動後着地のとき、後足は虎跡をその位置で踵足裏を床へ押し付けるようにして、同時に内腿を締め上げながら、両踵を数センチ～10センチ程、互いに近づける。臍は正面を向く。

I　半月立

重心位置中央、左右の歩幅はサンチン立と同様、ほぼ肩幅、前後の間隔は後足爪先と前足踵に一足長開けた位置とする。前足足刀は30～45度程内側に向け、後足足刀は正面に向ける。即ち移動後着地の時、踵足裏を床へ押し付けるようにして、同時に内腿を締め上げながら、両踵を数センチ～10センチ程互いに近づける。臍は正面を向く。

J　不動立（ソーチン立）

重心位置中央、両足の歩幅は騎馬立ち同様に保って、進行方向に向かって斜めに立つ。左足が進行方向にあるときは、両脚を締めながら左足足刀を正面近くに向け、右足足刀はそのままに保つ。締めた結果後屈立の歩幅を、拳幅１～２個広げ、重心位置を中央に置いた立ち方ともいえる。横幅は正面に対し拳幅１～２個開く。

K　岩鶴立

重心位置中央、一本足で立つ。左足で立つときは左方向に首と目を向ける。岩鶴の形を演武する時は、右手上段の上下受けをとる。右足で立つときは逆動作を行う。

L　添え足立（着地時片足立）

平安５段の第 18 動作や、慈恩の第 38 動作で飛び上がって着地したときの立ち方である。、両膝を揃えて深く曲げ、両脚を接して、低い姿勢になり背骨直立状態を保ち左足一本で立つ。このときの両拳は右手敵側の下段十字受けを行う。

M　レの字立

観空（大）の第 26 動作、第 32 動作の構えである。重心位置後足、すなわち右脚で７：３程に置き右手は突きの引手位置、左手は下段払いの位置に構える。

用語・用法解説

原則として、昭和57年6月に刊行された「慶應義塾体育会空手道部　型［後編］文字版」（以下、教本）の内容に準拠しているが、改訂した部分もある。文章は出来る限り簡略化した。

1　演武・撮影の方向・番号表記等について

A　演武の方向

全ての形は北を正面として演武、解説している。

B　演武線の方向表現

「東西」「南北」「北東」「北西」「南東」「南西」に統一（例：「東から西」に運足した場合も、「西から東」に運足した場合も、「東西線上」と表現し「西東線上」という表現は使用していない）。

C　写真番号

教本の挙動番号とは別に、解説文前に「写真番号」を付した。

D　挙動番号

原則として、教本の挙動番号を写真左上に付した。

2　解説文の表現について

教本の「～と同動作」という表現は極力使用を避け、解説文を反復掲載した。ただし、解説文の補足として、または理解が容易と思われる部分には「～と同じ」という表現を用いた。

「～の逆動作」という表現は「対称動作」、「反対方向動作」と混同する恐れがあるため使用していない。

A　運足

1）片方の足の位置を変えず前進、後退する場合、「右足位置そのまま、左足北進」のように表現した。

2）比較的知られている形については、原則として移動する足についてのみ明示した。「右足北進」、「左足南進」など。

3）さらに一般的な形、誤解を生ずるおそれのない挙動については、「進退」表現を省略し、極めの「立ち方」のみ表示した。

4）方向転換、転身動作を強調する場合は「右足軸、左転身、左前屈立」のように表現した（「右足位置そのまま」と「右足軸」には厳密な区別はない）。

5）後屈立からその場で前屈立に変化、不動立からその場で前屈立に変化するような僅かな足位置の変化の場合は、「両足位置そのまま」または「両足位置ほぼそのまま」と表現した。

B　立ち方

1）運足後の足位置・方向が明白な場合は演武線表現は省略した。ただし、あまり一般的ではない形については「北東線上、右不動立」のように表現した。

2）左右立ち方の表現は、従来の表現を踏襲した。

右（左）足前の前屈立→「右（左）前屈立」

右（左）足後ろの後屈立→「右（左）後屈立」

右（左）足前の三進立→「右（左）三進屈立」

右（左）足前の不動立→「右（左）不動立」

右（左）足前の猫足立→「右（左）足前猫足立」

右（左）一本足立ち、左（右）添えの足立→「右（左）添え足立」

C　腰、上体の方向

1）腰、上体の方向に関しては、「逆半身」以外原則として明示していない。

2）教本で「前屈立になりながら」と表現されている挙動は、原則として「なりながら」を省略し、「前屈立」と表現した。

D　顔の向き、目付け

1）「顔の向き」は上方、下方に向ける場合と、特に留意すべき個所を除き原則として明示せず、目付けの方向だけを「目は北方」のように明示した。「目付けの方向」は変化しない限り原則として挙動ごとの表示は省略した。形開始時の「構え」は全て北向きであるため「目は北方」の表現は省略した。

2）百０八のように、方向転換が頻繁に行われる形については「東向三進立」のように立ち方に方向を明示し、原則として目付けの方向は省略した。

E　呼吸

1）三進、転掌は以下表現で統一し、明示した。

短く吸って、短く吐く→「短吸短吐」

短く吸って、長くゆっくり吐く→「短吸長吐」

長く吸って、短く吐く→「長吸短吐」

長く吸って、長くゆっくり吐く→「長吸短吐」

息を止めたまま→「止息のまま」

2）一般的に「受け」または「攻撃準備」の段階で吸い、攻撃時に吐くと伝承されているが、形の構成、連続技の内容、演武者が想定する攻防の内容等により一律には規定できない。従って、「三進」・「転掌」以外は原則として呼吸表示はしていない。

F　手、腕の挙動

1）前挙動の手の位置、形等を変えずに次の挙動に移る場合、以下表現で統一した。
前挙動が握拳で終わっている場合→「右（左）拳そのまま」
開手で終わっている場合→「右（左）手そのまま」
片手握拳､片手開手で終わっている場合→「両手そのまま」または「両手の形そのまま」

2）誤解を生じやすい挙動、あまり一般的でない形についてはできる限り手甲の向きを明示した。通常の突手、受手、引手等については省略した。

3）相手の身体、棒等を掴み、逆を取る、押し込むなど、手首･腕を捻る場合は「右（左）腕回内」「右（左）腕回外」と明示した。

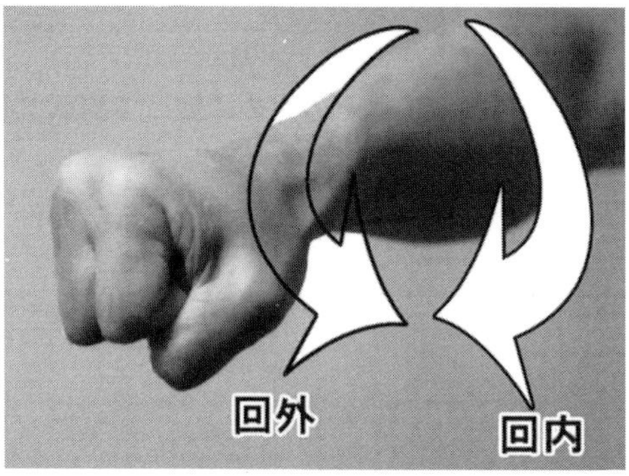

4）前腕「内受」と「外受」に関しては､本塾で伝承されている表現に従い､「内受」は「橈骨側で受ける」､「外受」は「尺骨側で受ける」ことを意味する。

5）技の表現は原則として「左右」､「上下」､「使用部位」､「技法・用法」順に表現した（例：「右、上段、前腕外、流し受」)。ただし､「上段受」､「下段払」など極めて一般的な「単一技術用語」が含まれている場合は必ずしもこの順序に従っていない。

6）追突、逆突、連突の通常の引手に関しては原則として表現していない。

3　全空連指定形について

本塾伝承形のうち、「観空（大)」、「慈恩」は全空連第１指定形、「観空（小)」、「燕飛」は第２指定形として制定されている。

本書（「燕飛」は未掲載）に掲載されているこれらの形は本塾伝承形であり、立ち方、挙動、解釈等に全空連指定形と相違する部分が少なからず存在する。

全空連指定形制定の背景、経緯より生じた相違点であり、各指導者、修行者はその相違点を認識した上で指導、稽古、研究すべきと考える。

なお、本塾進級昇段審査規定では、以下のように定められている。

「演武する形は本塾伝承形とする。ただし、全空連指定形についてはその定めに従って演武することができる」

抜塞（小）

バッサイ（ショウ）

写真１の下段を守る構えは、この形独特のかたちである。全体を軽快に演武する人が多い。写真６～７で、棒による上からの打ちに対応しているが、前進しながらの写真 15 ～ 16 が実用しやすい。写真 19 の右背刀打ちと右横蹴上の同時技は他の形にない技であり、左軸足の真上に頭部を据えたまま行う事が重要である。写真 45 ～ 46 は、上段～中段へ連突きに対してまず右手首で上段を左方向に受け流して、直ちに右手首で中段を下段払い式に受けると同時に左中段突きでの反撃技であるが、バランスを保ちながら脱力して数をこなすとよい。写真 51 ～ 55 の北西方への左回転は、右掌で顔面をガードしながら、左掌で上からの中段抑え受けを安全状態に導いているが組手の際も、控えの手はブロックを意識して行うと良い。

構え

※西側から撮影

1　閉足立。手甲東向右背刀と手甲西向左手刀を付け、下腹部前、拳一つくらい離す

①挙動

2　腰を落としながら右掌で西方からの下段蹴り払い受け。左掌を右背手に重ねる

3　北方へ低く跳び、右添え足立。爪先北西向、左上段背手払い受右手甲左掌に重ねる

※西側から撮影

4　腰を落としながら右掌で西方からの下段蹴り払い受け。左掌を右背手に重ねる

※西側から撮影

5

②挙動

6　右足位置そのまま、左足南進。右後屈立、左右虎口棒受から右虎口棒巻き落とし、左虎口棒押し上げ、目は南方

7　棒受のかたちで止まらず、一連の動作は流れるように

③挙動

8　左足軸、腰を落とし右転身

9　右足を引き付け、東向閉足立

10　右下段前腕内掬い受。大きく円を描き下段払の構え。左拳引手。目は東方

11

12

13

14

④挙動

15　右足位置そのまま、左足東進。右後屈立、左右虎口棒受から右虎口棒受から右虎口棒巻き落とし。左虎口棒押し上げ

16　2と同要領。棒受のかたちで止まらず、一連の動作は流れるように

17

⑤挙動

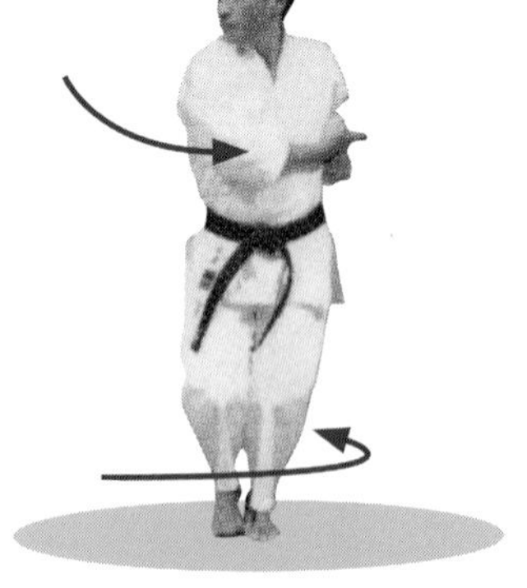

18　右足位置そのまま、左足を右足に引き付け、北向閉足立。左引手の上に右背手重ね。指先西向

19　左足・左拳そのまま、東方に右中段横蹴上。同時に右背刀上段打

20　左足位置そのまま、蹴った右足を東西線上に下ろす

21　騎馬立。左中段縦手刀受、右拳引手。目は北方

22

23　立ち方そのまま、右左中段連突

24

⑥挙動

25　両足位置そのまま、右後屈立、右上下受、目は西方

⑦挙動

26　両足位置そのまま、左後屈立、左上下受、目は東方

⑧挙動

27　左足位置そのまま、右足北進。左後屈立、右手刀受、目は北方

⑨挙動

28 左足北進、右後屈立、左手刀受

⑩挙動

29 右足北進、左後屈立、右手刀受

⑪挙動

30 右足南退、右後屈立、左手刀受

⑫挙動

31 両足位置ほぼそのまま、左前屈立。両虎口中段突掴み受、逆半身。

32

33

34

35

36 右足位置そのまま、中段横蹴込へ

37　両手を握り、両手甲上向で右腰に引き寄せ、右中段横蹴込とともに「気合」

38　蹴った右足を南北線上に下ろし、右後屈立。双手中段前腕内受。目は南方

39　立ち方そのまま、摺り足南進。双手上段突、手甲下向（突は反動で元の位置に戻る）

40

⑬挙動

41　左足位置そのまま、右足抱え込。右上段前腕外巻き込み受。左掌右前腕外添え

42　右不動立。右中段払い突、同時に左中段逆突

⑭挙動

43　両足位置そのまま、騎馬立。左中段鉄槌打、右拳引手。目は北方

⑮挙動

44　左足位置そのまま、右足北進。騎馬立。右中段突、左拳引手

⑯挙動

45　**41** と同じ

46　42と同じ

⑰挙動

47　右足位置そのまま、左足抱え込み。左上段前腕外巻き込み受、右掌左前腕外添え

48　左不動立。左中段払い突、同時に右中段逆突

⑱挙動

49　41と同じ

50　42と同じ。ただし右足は踏み込みながら「気合」

⑲挙動

51　右足軸、左転身、左足は大きく円を描いて北西線上。両虎口、上から下に中段突押さえ受

52

53

54　左足前猫足立。目は北西方

⑳挙動

55　右足、両手、顔の位置そのまま。左足をゆっくり右足前に移動。目は北西方のまま

56　左足位置そのまま。右足は内側から円を描き、北東線上、右足前猫足立。両虎口、上から下に中段押さえ受け。目は北西方

57

58

㉑挙動

59　左足位置そのまま。右足を引き付け閉足立

五十四歩（上）

ゴジュウシホ（ジョウ）

中段打ち落としからの、上段縦裏拳回し打ち、中段払い上げと錬度が必要とされる技から始まり、中段逆突き、中段前蹴りとダイナミックな技に繋がって、鶏頭かけ受け、一本貫手、背刀による下段払い、棒への対処、回し打ち、鳶嘴（トビクチ）による攻撃、後方鉄槌打ちなど変化に富んだ技が続く。技の意味をよく理解して演武することが求められる形である。第一挙動の上段縦裏拳は、上から落とすのではなく、自分の胸元からあごの下を通るように回して使うことが肝要である。一本貫手は手首を中心として上から下に小さな弧を描くように突く。

構え

1　八字立

①挙動

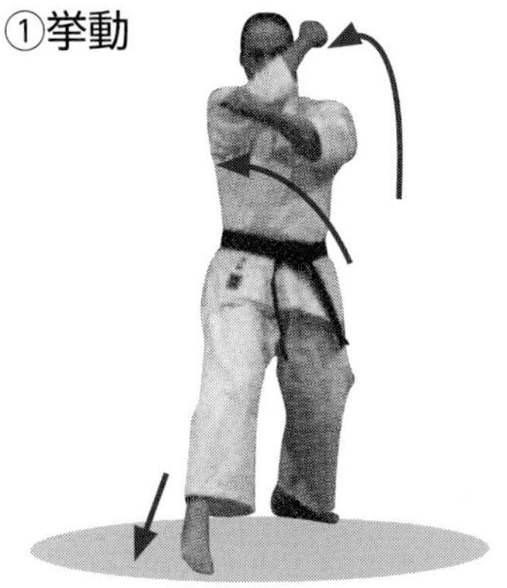

2　右足ゆっくり北進、右足前屈。右上段縦裏拳打。左拳中段突抑え、水流れの構え

3

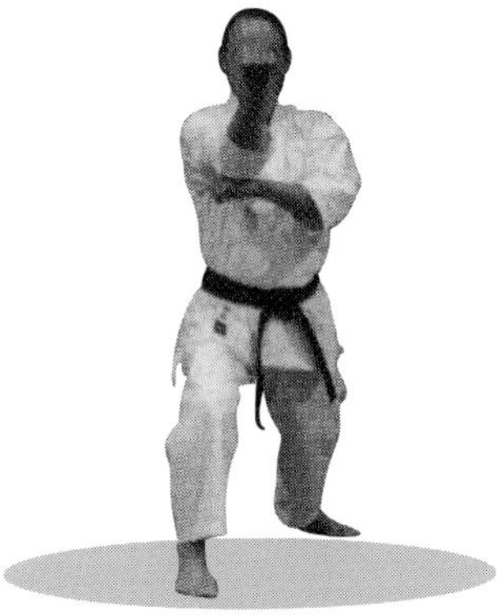

4

5

②挙動

6　右足位置そのまま、左足北西進、左前屈立。右体側から両腕を伸ばしたまま払い上げるように双手中段受。目は北西方

7

8

9

10

③挙動

11　右足位置そのまま、右足北東進、右前屈立。左体側から６～10と同要領で双手中段受。目は北東方

12

13

14

15

16

④挙動

17　右足位置そのまま、左足北西進。左前屈立。左中段縦手刀受。右拳引手。目は北西方

18

19

20　立ち方そのまま、右左中段連突

21

⑤挙動

22　左足位置、両拳そのまま。右中段前蹴

23　蹴った右足を元の位置に戻し、左前屈立。右中段逆突

⑥挙動

24　左足位置そのまま、右足北東進。右前屈立。左中段縦手刀受。左拳引手。目は北東方

25

26

27

28　立ち方そのまま。左右中段連突

29

⑦挙動

30　右足位置、両拳そのまま。左中段前蹴

31　蹴った左足を元の位置に戻し、右前屈立。左中段逆突

⑧挙動

32　右足位置そのまま、左足を45度南北線上に移動。南北線上、右前屈立。右上段縦猿臂。左拳引手。目は北東方

⑨挙動

33　右足軸、左転身、南北線上。左足前猫足立。右掬い打。目は南方

⑩挙動

34　左足位置そのまま、右足は内側から弧を描きつつ南進。右足前猫足立、右鶏頭中段受（内から外に引っ掛けるように受ける）、左開手水流れの構え。左手甲右肘下に添える

⑪挙動

35　両足位置そのまま。左中段背手受。右鶏頭右胸付近に構える。逆半身

36　立ち方そのまま、摺り足で大きく南進、右足前猫足立。右中段一本貫手（一本貫手は上から下に小さく弧を描く）左手は鶏頭形で水月前引手

37　立ち方そのまま、左右中段一本貫手連突（一本貫手は上から下に小さく弧を描く）。引手は水月前

38

⑫挙動

39　左足軸、左転身。右足は内側から弧を描き、南北線上、右足前猫足立

40　右鶏頭中段受。左開手水流れの構え。左手甲右肘下に添える。目は北方

41

42

⑬挙動

43　両足位置そのまま。左中段背手受。右鶏頭右胸付近に引手。逆半身

44

45　立ち方そのまま、摺り足で大きく北進、右足前猫足立。右中段一本貫手（一本貫手は上から下に小さく弧を描く）。左手は鶏頭形で水月前引手

46

47　立ち方そのまま。左右中段一本貫手連突（一本貫手は上から下に小さく弧を描く）。引手は水月前

48

⑭挙動

49　右足軸、左転身、東西線上。騎馬立。東方に左背刀下段払。右手刀水月前添え手、手甲下向。目は西方

50

⑮挙動

51　左足位置そのまま。ゆっくり右足寄り足しつつ、左右虎口棒受。目は西方

52　受けた棒を掴み、東方下段に手繰り寄せ左拳東方下段払。右拳水月前添え手、手甲下向。目は東方

⑯挙動

53　立ち方そのまま。西方に右背刀下段払。左手刀水月前添え手、手甲下向。目は西方

⑰挙動

54　右足位置そのまま。ゆっくり左足寄り足しつつ、左右虎口棒受。目は東方

55 受けた棒を掴み、西方下段に手繰り寄せ右拳西方下段払。左拳水月前添え手、手甲下向。目は西方

⑱挙動

56 **34** と同じ

⑲挙動

57 **35** と同じ

58 **36** と同じ

59 **37** と同じ

60

⑳挙動

61 右足軸、左転身。北向左全屈立。右下段手刀打。左拳引手。目は北方

62

㉑挙動

63 左足位置、左拳そのまま。右足北進、右前屈立。右中段裏拳打、手甲下向

64

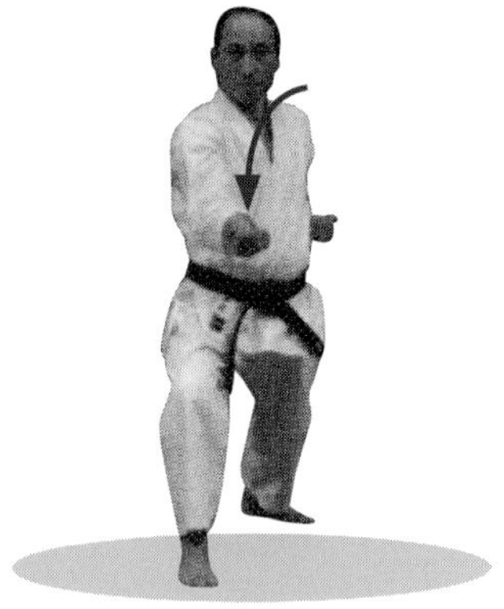

65

㉒挙動

66 立ち方そのまま。左下段手刀打。右拳引手

67

㉓挙動

68 右足位置、右拳そのまま。左足北進、左前屈立。左中段裏拳打、手甲下向

69 立ち方そのまま。右下段手刀打。左拳引手

㉔挙動

70 左足位置、左拳そのまま。右足北進、右前屈立。右鳶嘴で中段突を叩き落とす

71

72

73

74　立ち方、左拳そのまま。鳶嘴を返し顎を打ち上げる

㉕挙動

75　右足位置、両手そのまま。左中段前蹴

76　蹴った左足を元の位置に戻し、右前屈立。右上段前腕外流し受。左中段逆突き

㉖挙動

77　両足位置そのまま。左転身、左前屈立（左膝屈）。右下段払。南方に左上段猿臂突、手甲上向。目は北方。「気合」

㉗挙動

78　34 と同じ

㉘挙動

79　35 と同じ

80　36 と同じ

81　37 と同じ

82

㉙挙動

83 右足軸、左転身、東西線上。騎馬立。左背刀下段。右手刀水月前添え手、手甲下向。目は西方

84

㉚挙動

85 左足位置、両手そのまま。ゆっくり右足寄り足

86 左足一旦抱え込み西進、騎馬立。右中段縦四本貫手。左手は一旦北方に伸ばし、手繰り寄せながら中段受

87 （左正拳を左腰に付ける位置に引手）左手甲北向、目は北方

㉛挙動

88 立ち方そのまま。東方に右背刀下段払。左手刀水月前添え手、手甲下向。目は東方

㉜挙動

89 右足位置、両手そのまま。ゆっくり左足寄り足

90 右足一旦抱え込み。東方に踏み込み、騎馬立。右中段縦四本貫手。左手は一旦北方に伸ばし、手繰り寄せながら中段受

91　（左正拳を左腰に付ける位置に引手）左手甲北向、目は北方

㉝挙動

92　左足位置そのまま。右足ゆっくり北進、右前屈立。右上段縦裏拳打。左拳中段突抑え、水流れの構え

㉞挙動

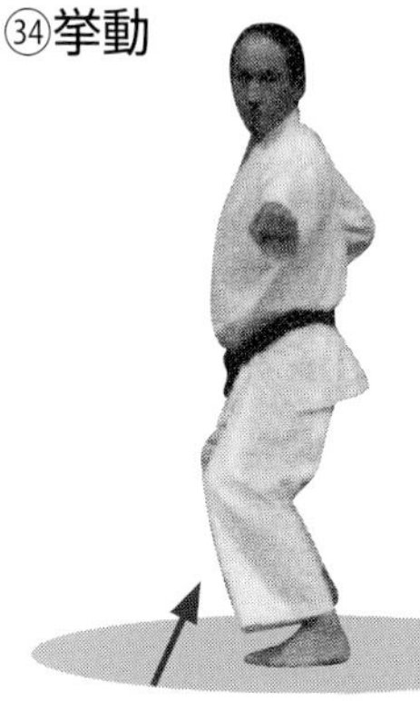

93　左足位置そのまま、右足南退。南北線上、騎馬立。左中段鉄槌打。右拳引手

㉟挙動

94　左足位置そのまま、右足北進。騎馬立（右前屈立でも伝承されている）。右中段突。左拳引手

㊱挙動

95　両足引き寄せ西向八字立。両拳を両体側に沿って上げ、両肘を南北に張り、両乳上に構える。手甲上向。目は西方

96　立ち方そのまま、臀部を後方に突き出すように上体前傾しつつ一旦両腕を前方に伸ばす

97　伸ばした両鉄槌をぶつけるように円を描いて後方に振り開く

98　上体を真っ直ぐにし、両拳を両乳上に戻す

㊲挙動

99　両腕そのまま、右足軸。左転身、左足南進。南北線上、左前屈立。目は南方

㊳挙動

100　左足位置そのまま、右足南進。右足前猫足立。両手刀胸前交差し、両体側手刀下段払

㊴挙動

101　立ち方そのまま。双手鶏頭上段受

㊵挙動

102　立ち方そのまま、摺り足南進。右足前猫足立。村雨へ双手一本貫手（上から下に小さく弧を描く、突いた両手は反動で元の位置に戻る）。「気合」

㊶挙動

103　左足軸、左転身。右足は内側から弧を描き、南北線上、右足前猫足立。右鶏頭中段受。左開手見ず流れの構え。目は北方

㊷挙動

104　左足位置そのまま。右足を引き寄せ八字立

参考

⑮挙動

51　実際に棒を受けた瞬間は、右手はほぼ肩の高さ。左手より右手の位置が低い

⑰挙動

54　実際に棒を受けた瞬間は、左手はほぼ肩の高さ。右手より左手の位置が低い

観空（小）

カンクウ（ショウ）

仮想敵は観空（大）と同様だが、繰り出す技は俊敏さが重視され、大きく異なる。左右・正面からの中段突きを摺足で間合いを切りながら後屈諸手受けで次々と捌き、中段追い突きで攻撃、相手の反撃を即座にかわして連続攻撃と俊敏な動きから始まる。敵の中段突きを掛け受けし、手首を掴んで引き込みながらの前蹴り、更に畳みかけるように相手の胸ぐらを掴み引き込んで上段裏拳と矢継ぎ早に技を繰り出す。中高一本拳で敵の手の甲への攻撃や、敵の棒を奪った後の飛び上がっての回転、上段三日月蹴りや伏せなど変化に富んだ技が続く。相手を追い込んだり相手の懐に入り込んだりと、勇猛果敢な技が多く、闘争心をかき立てる形である。

構え

1　八字立

①挙動

2　摺り足東退、右後屈立。左中段前腕内受。右拳添え手。目は西方

②挙動

3　摺り足西退、左後屈立。右中段前腕内受。左拳添え手。日は東方

③挙動

4　摺り足南退、右後屈立。左中段前腕内受。右拳添え手。目は北方

④挙動

5　右足北進、右前屈立。右中段追突

6　立ち方、左拳そのまま。右中段前腕内受

⑤挙動

7　左足北進、左前屈立。左中段追突

8　立ち方、右拳そのまま。左中段前腕内受

⑥挙動

9　右足北進、右前屈立。右中段追突を行いながら「気合」

⑦挙動

10　右足軸、左転身、南北線上。左前屈立、右手刀、左掌で中段突流し受（左手は五指で右手首を上から軽く包む）。逆半身、目は南方

11　左足位置そのまま。右手握拳、相手の手首を右腰に手繰り寄せ右中段前蹴

12　蹴った右足そのまま南方に低く飛び込み、右添え足立。右上段縦裏拳打。左手は一旦開掌、相手を掴み引き寄せ引手

⑧挙動

13　右足位置、左拳そのまま。左足北退、右前屈立。右中段前腕内受

14　立ち方そのまま。左右中段連突

15

⑨挙動

16　右足軸、左転身、南北線上。右後屈立。北方に下段払。同時に東方に右中段前腕内受。目は北方

⑩挙動

17　右足位置そのまま。左足引き寄せ突っ立（レの字立）。左中段中高一本拳打ち下ろし。右拳引手

18

19

20

21

⑪挙動

22　右足位置そのまま、左足北進。右前屈立。右手刀、左掌で中段突流し受。**10** と同じ。逆半身

23　左足位置そのまま、右足拳握、相手の手首を右腰に手繰り寄せ右中段前蹴。**11** と同じ

24　蹴った右足そのまま北方に低く飛び込み、右添え足立。右上段縦裏拳打。左手は一旦開掌、相手を掴み引き寄せ引手（**12** と同じ）

25

26

⑫挙動

27　右足位置、左拳そのまま。左足南退、右前屈立。右中段前腕内受。**13** と同じ

28　立ち方そのまま。左右中段連突。**14** と同じ

29

⑬挙動

30　右足軸、左転身、南北線上。右後屈立、南方に左下段払。同時に西方に右中段前腕内受。目は南方

⑭挙動

31　右足位置そのまま。左足引き寄せ突っ立（レの字立）。左中段中高一本拳打ち下ろし。右拳引手

32

⑮挙動

33　右足位置そのまま、左足東進。右後屈立。右上下受。目は東方

⑯挙動

34　摺り足東進、騎馬立。双手中段突

35

⑰挙動

36　両足位置そのまま、左後屈立。左上下受。目は西方

⑱挙動

37　摺り足西進、騎馬立。双手中段突

⑲挙動

38　左足位置そのまま、右足南進しつつ、右虎口上段受の構え。左虎口南方中段に伸ばす。手甲下向。目は南方

39　左後屈立。右虎口は止まることなく、西方に円を描いて南方肩の高さに伸ばす。手甲下向。左虎口も止まることなく、東方に円を描いて上段受の構え

40　立ち方そのまま、摺り足南進。左後屈立。両虎口握拳、下段に捻り込む（右腕回内、下段払の位置）（左腕回外、水月前添え手の位置手甲下向）

⑳挙動

41　その場で両足を高く抱え込んで跳び上がりつつ、左360度転身。南北線上、左後屈立、右手刀受で降り立つ。目は南方。跳び上がりざまに「気合」

42

43

㉑挙動

44　右足位置そのまま。東方に左中段横蹴上。左上段裏拳打。目は東方

45

46　蹴った左足東進。左前屈立。右中段横猿臂

㉒挙動

47　左足位置そのまま。西方に右中段横蹴上。右上段裏拳打。目は西方

48

49　蹴った右足西進。右前屈立。左中段横猿臂

㉓挙動

50　両足位置そのまま。左前屈立。両手の挙動は **10** と同じ

51　**11** と同じ

52　**12** と同じ

㉔挙動

53　**13** と同じ

54　**14** と同じ

抜塞（小）
五十四歩（上）
観空（小）
五十四歩（下）
明鏡
二十四歩
ワンクワン
壮鎮
三進
珍手

55

㉕挙動

56　跳躍して左 360 度転身しつつ、左掌を右三日月蹴し、低く伏せて降りる。目は南方。左掌は三日月蹴りの目標。56 で止まらぬこと

57

58　両手指先着床、左足は虎趾（上足定とも。足の指の付け根部分）を床に付け踵を上げる

㉖挙動

59　立ち上がりざま両足踏み替え、低い右後屈立。左手刀下段払、右手刀水月前添え手

㉗挙動

60　右足南進、左後屈立。右手刀受

㉘挙動

61　右足軸、左転身、東西線上。左前屈立。左中段前腕内受。右拳引手。目は西方

㉙挙動

62　右足西進、右前屈立。右中段追突

㉚挙動

63　左足軸、右転身、右足東進。右前屈立。右中段前腕内受。左拳引手。目は東方

㉛挙動

64　左足東進､左前屈立。左中段突。「気合」

㉜挙動

65　右足位置そのまま。左足を引き寄せ八字立

五十四歩（下）

ゴジュウシホ（ゲ）

五十四歩（上）と同じ敵を仮想して作られた形で、繰り出す技のバリエーションが異なる。その意味で、「大」「小」ではなく「上」「下」と名づけられている。
第１挙動は五十四歩（上）と全く同じだが、第２挙動以降、中段払い上げが猫足立の掻き分けに、猫足立前手の鶏頭かけ受けが後屈立ちの後ろ手青竜刀受けに、一本貫手が四本貫手にと、殆どすべての技が類似しているが異なった技に置き換えられている。蹴り技の後、その蹴足を引いて次の技を出すかなど、運足の妙を比較する事が出来る。後ろから抱きつかれたときの対処法としても、鉄槌打ちの後の手の使い方の相違は、敵の状況に合わせて空手の技が多様に変化出来ることを象徴している。

構え

1　八字立

①挙動

2　右足ゆっくり北進、右前屈立。右上段縦裏拳打。左拳中段突抑え、水流れの構え

3

4

5

6

②挙動

7　右足位置そのまま。右足ゆっくり北西進、左足前猫足立。中段掻き分。目は北西方

8

③挙動

9　左足を右足前にゆっくり移動。左爪先方向。両手は中段掻き分の準備。目は北東方

10　右足ゆっくり北東進。右足前猫足立。中段掻き分

④挙動

11　右足位置そのまま、左足北西進。左前屈立。左中段縦手刀受。右拳引手。目は北西方

12

13

14

15　立ち方そのまま。右左中段連突

16

⑤挙動

17　右足位置、両拳そのまま。右中段前蹴

18　蹴った右足北西進、右前屈立。右中段追突

⑥挙動

19　左足位置そのまま、右足北東進。右前屈立。右中段縦手刀受。左拳引手。目は北東方

20

21

22

23　立ち方そのまま。左右中段連突

24

⑦挙動

25　右足位置、両拳そのまま。左中段前蹴

26　蹴った左足北東進、左前屈立。左中段追突

⑧挙動

27　左足軸、右足北進、南北線上。右前屈立。右上段縦猿臂。左拳引手。目は北方

28

29

30

31

⑨挙動

32　右足軸、左転身、南北線上。左前屈立。右下段手刀打。左掌上段流し受。目は南方

⑩挙動

33　右足位置そのまま。左足引き寄せ突っ立（レの字立）。両腕を絞るように左下段払。右拳引手

⑪挙動

34　両足位置そのまま、左足前猫足立。右中段青竜刀受（内から外に引っ掛け受ける）。左手刀水流れの構え。左手甲右肘下に添える

35　両足位置そのまま。ゆっくり体を右に開き。左中段背手受。右縦四本貫手水月前構え

36　左足位置そのまま、右足南進。右前屈立。右中段縦四本貫手。左縦四本貫手を水月前に引手（貫手は真直ぐ突く、以下同じ）

37　立ち方そのまま。左右中段縦四本貫手連突。引手は縦四本貫手で水月前

38

⑫挙動

39　右足軸、左転身、南北線上。左足前猫足立

40　右中段青竜刀受。左手刀水流れの構え。左手甲右肘下に添える。目は北方

41

42　両足位置そのまま。ゆっくり体を右に開き。左中段背手受。右縦四本貫手水月前引手

43　左足位置そのまま、右足北進。右前屈立。右中段縦四本貫手を水月前に引手

44　立ち方そのまま。左右中段縦四本貫手連突。引手は縦四本貫手で水月前

45

⑬挙動

46 右足軸、左転身、東西線上。騎馬立。東北に左背刀下段払。右手刀水月前添え手、手甲下向。目は東方

47

⑭挙動

48 左足位置、両手そのまま。ゆっくり右足寄り足

49 左足抱え込み。両掌中段突掴み（両腕を南方に伸ばし、左掌（手甲下向）右掌（手甲上向）を重ねる）。目は南方

50 左足踏み込み、騎馬立。両掌左腰に引手（左引手に右鉄槌を重ねる）

⑮挙動

51 立ち方そのまま。西方に右背刀下段払。左手刀水月前添え手、手甲下向。目は西方

⑯挙動

52 右足位置、両手そのまま。ゆっくり左足寄り足

53 右足抱え込。両掌中段突掴み（両腕を南方に伸ばし、右掌（手甲下向）左掌（手甲上向）を重ねる）。目は南方

54 右足踏み込み、騎馬立。両掌右腰に引手（右引手に左鉄槌を重ねる）

⑰挙動

55　左足位置そのまま。右足北退。左足前猫足立。34 と同じ

56　**35** と同じ

57　**36** と同じ

58　**37** と同じ

59

⑱挙動

60　右足軸、左転身、南北線上。左前屈立。右手刀上段回し打。左掌引手。目は北方

61

⑲挙動

62　左足位置、左拳そのまま。右足ゆっくり北進、右前屈立。右手首を返して右上段縦手刀受

⑳挙動

63　立ち方そのまま。左手刀上段回し打。右拳引手

64

㉑挙動

65　右足位置、右拳そのまま。左足ゆっくり北進、左前屈立。左手首を返し左上段縦手刀受

㉒挙動

66　立ち方そのまま。右中段前腕内受。左掌引手。逆半身

67

㉓挙動

68　左足位置、両手そのまま。右中段前蹴

69　蹴った右足北方に飛び込み。右添え足立ち。左中段突。右上段前腕外流し受

㉔挙動

70　右足軸、左転身、南北線上。左前屈立(左膝屈)。北方に右下段払。左掌引手。目は北方。「気合」

㉕挙動

71　右足軸、左足を引き寄せ。南北線上、左足前猫足立。目は南方

72

73

74

75

㉖挙動

76 右足軸、左足転身、東西線上。騎馬立。西方に左背刀下段払。右手刀水月前添え手、手甲下向。目は西方

㉗挙動

77 左足位置、両手そのまま。ゆっくり右足寄り足

78 左足抱え込み。左手中段突掴み受。右手刀右腰に引手、手甲下向。目は北方

79 左足踏み込み、騎馬立。右中段縦四本貫手。左拳は相手の手首を手繰り寄せるように引手

㉘挙動

80 立ち方そのまま。東方右背刀下段払。左手刀水月前添え手、手甲下向き。目は東方

㉙挙動

81 右足位置、両手そのまま。ゆっくり左足寄り足

82　右足抱え込み。左手中段突掴み受。右手刀右腰に引手、手甲下向。目は北方

83　右足踏み込み、騎馬立。右中段縦四本貫手。左拳は相手の手首を手繰り寄せるように引手

㉚挙動

84　左足位置そのまま。右足ゆっくり北進、右前屈立。右上段縦裏拳打。左拳中段突抑え、水流れの構え

㉛挙動

85　左足位置そのまま、右足南退。南北線上、騎馬立。左中段鉄槌打。右拳引手

㉜挙動

86　左足位置そのまま、右足北進。南北線上、騎馬立。（右前屈立でも伝承されている）左中段突。左拳引手

㉝挙動

87　両足引き寄せ西向八字立。両腕を西方肩の高さ、肩幅に伸ばす。両手甲上向。目は西方

88

89

90　立ち方そのまま。臀部を後方に突き出すように状態上体前傾しつつ両腕を伸ばしたまま両鉄槌をぶつけるように後方に振り開く

91　直ちに上体直立しながら両正拳を引手位置に付け両肘を南北に張る

㉞挙動

92　立ち方、両手の形そのまま右転身。左肘は西方、右肘は東方を指す。目は西方

93　立ち方、両手の形そのまま左転身。右肘は西方、左肘は東方を指す。目は西方

㉟挙動

94　左足位置そのまま、右足南進。南北線上、右足前猫足立。双手中段鶏頭受。目は南方

㊱挙動

95　立ち方そのまま、摺り足で南方に飛び込み右足前猫足立。雁手を双手青竜刀突。「気合」

㊲挙動

96　右足軸、左転身、南北線上。右足前猫足立。左足前猫足立。右中段青竜刀受。左手刀水流れの構え。左手甲右肘に添える。目は北方

97

㊳挙動

98　右足位置そのまま。左足を引き寄せ八字立

明鏡

ローハイ

静水と申しましょうか、心、静かに雄大に基本に忠実に演武している、〝ごまかし〟の利かない悠々とした、落ちついた雄大な形である。

構え

1　閉足立。両腕を両体側に軽く伸ばす。両手甲外向。拳は両体側から三つ位離す

①挙動

2　左足位置そのまま。右足ゆっくり東進、騎馬立。両手開掌、北方中段に伸ばす。両手甲上向。止まることなく両手を握りながらゆっくり引手

3

②挙動

4　立ち方そのまま。両拳開掌しながらゆっくり胸前を上方に運び眼前で指先交差。両手甲北向、左手外側

③挙動

5　立ち方そのまま。両掌をゆっくり返しながら、鏡を拭くようにゆっくり下方に半円を描くように掻き分。両手甲斜め上向

6

④挙動

7　右足位置そのまま、左足北西進。左前屈立。左下段払、右拳引手。目は北西方

⑤挙動

8　右足北西進、右前屈立。右中段追突

⑥挙動

9　左足軸、右足北東進。右前屈立。右下段払、左拳引手。目は北東方

⑦挙動

10　左足北東進、左前屈立。左中段追突

⑧挙動

11　左足位置そのまま、右足北進しつつ、右虎口上段受の構え。左虎口北方下段に伸ばす。手甲下向、目は北方

12　左後屈立。右虎口は止まることなく、東方に円を描いて北方下段に伸ばす。手甲下向。左虎口も止まることなく、西方に円を描いて上段受の構え

13　両足位置そのまま、左転身。左前屈立（左膝屈）、両虎口握拳下段に捻り込む（右腕回外、下段払の位置）（左腕回外、水月前添え手の位置、手甲下向）。

14

15　立ち方、上体、両腕そのまま。顔のみ素早く南方に振り向く

⑨挙動

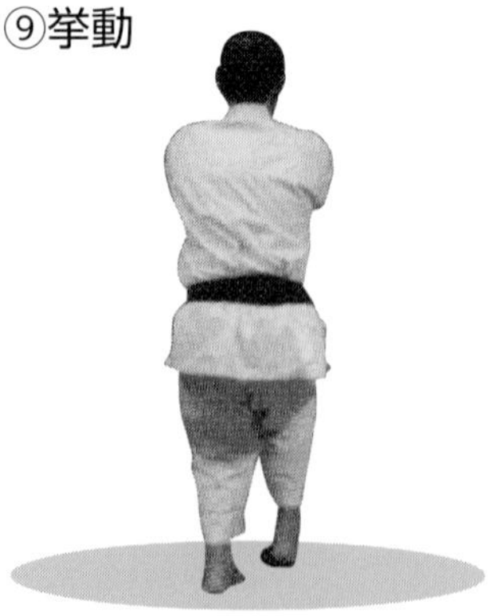

16　左足位置そのまま、右足西進。東西線上、騎馬立。両手開掌、南方中段に伸ばす。両手甲上向。止まることなく両手を握りながらゆっくり引手

17

⑩挙動

18　右足位置そのまま、左足南東進。左前屈立。左下段払、右拳引手。目は南東方

⑪挙動

19　右足南東進、右前屈立。右中段追突

⑫挙動

20　左足軸、右足南西進。右前屈立。右下段払、左拳引手。目は南西方

⑬挙動

21　左足南西、左全屈立。左中段追突

⑭挙動

22　左足位置そのまま、右足南進しつつ、右虎口上段受の構え。左虎口南方下段に伸ばす。手甲下向、目は南方

23　左後屈立。右虎口は止まることなく、西方に円を描いて南方下段に伸ばす。手甲下向。左虎口も止まることなく、東方に円を描いて上段受の構え

24　両足位置そのまま、左転身。左前屈立（左膝屈）、両虎口握拳、下段に捻り込む(右腕回内、下段払の位置)(左腕回外、水月前添え手、手甲下向)

25　立ち方、上体、両腕そのまま、顔のみ素早く北方に振り向く

⑮挙動

26　左足位置そのまま、右足東進。東西線上、騎馬立。**3**と同じ

⑯挙動

27　右足位置そのまま、左足北西進。左前屈立。左中段前腕内受、右拳引手。目は北西方

⑰挙動

28　右足北西進、右前屈立。右中段追突

⑱挙動

29　左足軸、右足北東進。右前屈立。右中段前腕内受、左拳引手。目は北東方

⑲挙動

30　左足北東進、左前屈立。左中段追突

⑳挙動

31　右足位置そのまま、左足を南北線上に移動。騎馬立。左中段鉄槌打、右拳引手。目は北方

32

㉑挙動

33　左足位置、両拳そのまま。北方に右中段前蹴

34　左足位置そのまま、蹴った右足を元の位置に戻しながら、南北線上で右後屈立。北方に左下段払。東方に右下段払

35

㉒挙動

36　立ち方そのまま。右上角受

㉓挙動

37　右足北進、左後屈立。左上角受

㉔挙動

38　左足北進。左前屈立。双手下段払

39（この構えとは異なり、両拳肩幅よりやや広く、両手甲北向の構えも伝承されている）

㉕挙動

40　右足北進、右前屈立。双手中段前腕内受

41

㉖挙動

42　立ち方そのまま、摺り足北進。双手上段突（突は反動で元の位置に戻る）

43

㉗挙動

44　右足軸、左転身、左前屈立。いったん右手開手上段受の後、止まることなく左上段受。右拳引手。目は南方

45

㉘挙動

46 左180度転身しつつ、南方へ大きく高く跳躍、右横猿臂を左掌に打ち当てる。南北線上に、左後屈立、右手刀受で降り立つ。「気合」(跳び上がり様に)

47

㉙挙動

48 右足南退、右後屈立。左手刀受

㉚挙動

49 右足位置そのまま。左足を引き付け閉足立

50

51 最初の構え

二十四歩

ニーセーシー

基本と基本の間の演武で緩急自在の呼吸とテンポのある、個性の出る形であろう。演武する者に依って、その表現は本当に特徴が出る形であろう。

構え

1　八字立

①挙動

2　摺り足南退、右後屈立。左開手見ず流れの構え（左掌で中段突を引き込むように抑え受ける）。右拳引手

3　立ち方、左手そのまま。摺り足北進、右中段突

4　摺り足北進、左三進立。左腕を右腕下から十字に交差させ左拳水流れの構え。右拳引手

5

6

②挙動

7　左足軸、右転身、南北線上。右三進立。両手開掌、一旦前方に伸ばし、両拳引手。目は南方

8　立ち方そのまま。右上段、左中段双手突

③挙動

9　左足位置そのまま、右膝抱え込み、両前腕外胸前合わせ

④挙動

10　左足位置そのまま。右足ゆっくり南進、右前屈立。中段掻き分

⑤挙動

11　右足軸、左足東進。東西線上、左前屈立。左上段受、右手は開手上段受してから引手。目は東方

12　立ち方そのまま。右上段縦猿臂。左拳引手、逆半身

⑥挙動

13　両足位置、左拳そのまま。ゆっくり右転身、東西線上。騎馬立。右中段縦手刀受。目は西方

14

15

16　左拳引手のまま。右手で相手手首を掴み右腰に手繰り寄せながら右中段横蹴込

17

18

19　蹴った右足そのまま、摺り足西進。騎馬立。左中段突、右拳引手

⑦挙動

20　立ち方、右拳そのまま。東方に左中段縦手刀受。目は東方

21　右拳引手のまま、左手で相手手首を掴み、左腰に手繰り寄せながら左中段横蹴込

22

23

24　蹴った左足そのまま摺り足東進。騎馬立。右中段突。左拳引手

⑧挙動

25　右足位置、左拳そのまま。左足半歩右足に引き寄せ、右拳引手。目は南東方

26　左足位置そのまま。止まることなく右足南東進。右前屈立。左上段、右下段同時底掌突

⑨挙動

27　両足位置そのまま。左 180 度転身、北西線上。左前屈立。北西に右上段背刀打、手甲上向。同時に南東に左背刀下段払。手甲下向、目は北西方

28

29

⑩挙動

30 左足位置、右手そのまま。右足を引き付け北西向閉足立。右掌に左背手打ち当

31

32

⑪挙動

33 左足南東退、右前屈立。右掬い打。目は北西方

34 両足位置そのまま、低い右前屈立。前方下方に双手突。左拳右膝前、手甲上向。右拳は左拳の手前、手甲下向。目は両拳の先を見る。「気合」

⑫挙動

35 右足軸、ゆっくり左転身。南東線上、右後屈立。左中段背手受、右拳引手。目は南東方

36

37

38　左足位置そのまま、右足南東進。騎馬立。南東方に右上段縦猿臂。左拳引手

39

40

41　立ち方、右拳そのまま。摺り足南東進。左中段突

42　立ち方そのまま、摺り足北西退。右下段払、左拳引手

⑬挙動

43　両足位置そのまま、左転身。北西線上、右後屈立。左中段背手受、右拳引手。目は北西方

⑭挙動

44　左足位置、左手そのまま。右足北西進、騎馬立。右中段猿臂を左掌に打ち当、目は北西方

45　立ち方、左腕位置そのまま。右下膊《かはく》（ひじから手首）のみ伸ばして南西方に下段払。左手握拳、手甲南西向（手甲下向でも伝承されている）。目は南西方

⑮挙動

46　右足軸、左足ゆっくり南西進。右後屈立。左中段背手受、右拳引手

47　左足位置そのまま、右足南西進。騎馬立。南西方に右上段縦猿臂。左拳引手

48　立ち方、右拳そのまま。摺り足南西進。左中段突

49　立ち方そのまま、摺り足北東退。右下段払、左拳引手

⑯挙動

50　左足軸、左転身、南北線上。左三進立。両手開掌、いったん前方に伸ばし両拳引手。目は北方

51

52　立ち方そのまま。右上段、左中段双手突。右手甲上向、左手甲下向

⑰挙動

53　右足北進、右三進立。左上虎口。「気合」

54

55

56

⑱挙動

57　左足位置そのまま。右足を引き寄せ八字立

ワンクワン

ワンクワン

非常にテンポのある短い技の表現であるが、最初の作動の腰の位置が一度決まれば最後まで、激しい動きの中に安定した鋭い形である。

構え

1　八字立

①挙動

2　左足ゆっくり北西進、左足前猫足立。中段掻き分。目は北西方

②挙動

3　右足位置、両拳そのまま。顔を北東方に向けつつ、左足をゆっくり右足爪先前に移動

4　右足ゆっくり北東進。右足前猫足立。中段掻き分。目は北東方

③挙動

5　左足位置そのまま。双手前腕外胸前合わせ。右膝下段蹴。目は北方

④挙動

6　上体の姿勢そのまま。右足から三歩北進

7

⑤挙動

8

9　三歩目に右前屈立になりながら、左中段縦手刀受、右拳引手。逆半身

10

11

12　立ち方そのまま。右左中段連突

13

⑥挙動

14　右足軸、左足西進、東西線上。左足前猫足立。右掬い打。目は西方

15

⑦挙動

16　左足位置そのまま。右足ゆっくり西進、右前屈立。左中段縦手刀受、右拳引手。逆半身

17　立ち方そのまま。右左中段連突

18

⑧挙動

19　右足軸、左転身、東西線上。左足前猫足立。右掬い打。目は東方

⑨挙動

20　左足位置そのまま。右足ゆっくり東進、右前屈立。左中段縦手刀受、右拳引手。逆半身

21　立ち方そのまま。右左中段連突

22

⑩挙動

23　左足位置そのまま、右足南進。南北線上、騎馬立。右中段鉄槌打、左拳引手。目は南方

⑪挙動

24　右足位置、両拳そのまま。南方に左中段前蹴

25　右足位置そのまま。蹴った左足南進、左前屈立。左中段連突

⑫挙動

26　左足位置、両拳そのまま。南方に右中段前蹴

27　左足位置そのまま。蹴った右足南進、右前屈立。右中段追突

⑬挙動

28　右足位置、両拳そのまま。南方に左中段前蹴

29　右足位置そのまま。蹴った左足南進、左前屈立。左中段追突

⑭挙動

30　両足位置そのまま。右転身、南北線上、右不動立。上体をやや北方に倒しながら左上段、右下段双手突

31　右手甲下向、左手甲上向。目は北方。「気合」

⑮挙動

32　左足位置そのまま。右足を引き寄せ八字立

壮鎮

ソーチン

写真２から写真３の荘重な動作は、この形全体の雰囲気を表している。写真６、14、23、55と逆半身が出てくるので、緩やかな動作中にも、硬くならない身のこなしを体得するのに好都合である。写真３、写真６とゆっくりした動作の後、急にスピーディな連突き、またゆっくりした動きのあと、急にスピーディな連突きと、緩急を程々にない混ぜた組み合わせも、演武していて心地よい。特に前足で下半身を鍛錬するのに役立つ形である。写真27、33の裏拳と横蹴上げの同時技は他の形にも出てくるが、軸足の真上に頭が位置するように訓練すると身のこなしが良くなる。写真45、46も組手に応用できる優れ技である。

構え

1　八字立

①挙動

2　右足ゆっくり北進、右不動立。右下段払、左上段受をゆっくり同時に極める（下段払の腕は伸ばしきらず、余裕を持たせる）

3

②挙動

4　右足位置そのまま。左足ゆっくり北進、左前屈立。右中段縦手刀受。左拳引手。逆半身

5

6

7　立ち方そのまま。左右中段連突

8

③挙動

9　右足軸、左足西進、東西線上。右後屈立。右上下受。目は西方

④挙動

10　左足位置そのまま。右足ゆっくり西進、右不動立。右下段払、左上段受。（**2**と同要領）

11

12

⑤挙動

13　右足位置そのまま。左足ゆっくり西進、左前屈立。右中段縦手刀受。左拳引手。逆半身

14

15　立ち方そのまま。左右中段連突

16

⑥挙動

17　右足位置そのまま。左転身。左右東進、右後屈立。右上下受。目は東方

⑦挙動

18　左足位置そのまま。右足ゆっくり東進、右不動立。右下段払、左上段受（**2**と同要領）

19

20

21

⑧挙動

22　右足位置そのまま。左足ゆっくり東進、左前屈立。右中段縦手刀受。左拳引手。逆半身

23

24　立ち方そのまま。左右中段連突

25

⑨挙動

26　右足軸、左転身しつつ西方に左中段横蹴上、左上段裏拳打。目は西方

27

28　右足位置、右拳そのまま。蹴った左足西進。左前屈立。左中段前腕内受

29

30　立ち方そのまま。右左中段連突

31

⑩挙動

32　左足軸、東方を振り向き右中段横蹴上。右上段裏拳打

33

34　左足位置、左拳そのまま。蹴った右足東進。右前屈立。右中段前腕内受

35　立ち方そのまま。左右中段連突

36

⑪挙動

37　左足軸、右転身、右足西進。左後屈立、右手刀受。目は西方

⑫挙動

38　左足南西進、右後屈立。左手刀受、目は南西方

⑬挙動

39　右足軸、左転身、左足東進。右後屈立、左手刀受。目は東方

⑭挙動

40　右足南東進、左後屈立。右手刀受。目は南東方

⑮挙動

41　左足位置そのまま。右足を45度南北線上に移動。左後屈立、右手刀受。目は南方

⑯挙動

42　左足南進。右後屈立。左手刀受

43　立ち方そのまま、摺り足南進。左掌中段突打ち落とし。手甲上向、水流れの構え。同時に右中段横四本貫手

44　右足位置、両腕そのまま。左中段前蹴

45　蹴った左足を元の位置に戻し、直ちに右中段前蹴しながら右上段前腕内流し受（右拳は右耳付近、手甲南向）。左上段縦裏拳打

46　蹴った右足そのまま南進。右不動立。左上段前腕内流し受（左拳は左耳付近、手甲南向）。右上段縦裏拳打

⑰挙動

47　左足軸、右拳そのまま、左転身。北方に伸ばした左掌を右三日月蹴。目は北方

48　左足位置そのまま。蹴った右足そのまま北進。右不動立。右下段払、左上段受（**2**と同要領）

⑱挙動

49　右足位置そのまま、左足北西進。左前屈立。左中段前腕内受、右拳引手。目は北西方

⑲挙動

50　左足位置そのまま、右足北東進。右前屈立。右中段追突

⑳挙動

51　左足位置そのまま。右足北東進。右中段前腕内受、左拳引手。目は北東方

㉑挙動

52　左足北東進。左前屈立。左中段追突

㉒挙動

53　右足位置そのまま、左足を45度南北線上に移動、左前屈立。左中段前腕内受、右拳引手。目は北方

54　立ち方そのまま。右中段逆突

抜塞（小）
五十四歩（上）
観空（小）
五十四歩（下）
明鏡
二十四歩
ワンクワン
壮鎮
三進
珍手

55　立ち方、左拳そのまま。直ちに右中段前腕内受。逆半身

㉓挙動

56　左足位置、両拳そのまま。右中段前蹴

57　左足位置そのまま、蹴った右足を元の位置に戻し、南北線上、騎馬立。

58　北方に左中段鉄槌打。南方に右中段猿臂突。右拳は右脇付近、両手甲上向

㉔挙動

59　両足位置そのまま、左前屈立（左足爪先と右足踵は縦一線。通常の前屈立より横幅が狭い）。右左中段連突。連突を行いながら「気合」

60

㉕挙動

61　右足位置そのまま。左足を引き寄せ八字立

参考

⑯挙動

44　左中段前蹴、左上段裏拳打、右上段前腕内流し受を同時に行い

45　続いて右中段前蹴、右上段裏拳打、左上段前腕内流し受を同時に行う技法も伝承されている

三進

サンチン

足の横幅は肩幅程度、縦幅は右足爪先の線に左足の踵が接する位置に置く。立ち方は、下半身を締め上げ、腿同士を近づけ、臀部を硬くする。呼吸法を重視し、両腕は脇を空けずに粘りを意識しながらゆっくり受けてゆっくりと突く。運足は弧を描くようにゆっくり進む。強烈ではない攻撃に対して、筋肉部分であればはじき返すといった、筋肉締めとそれによる脱力を意識しながら締める緩めるを自在かつ容易に行えるように演武すると身のこなしがよくなる。虎口が多いのが特徴である。

構え

1　結び立。両手開掌、左掌を右手甲に重ね、手甲北向。手の位置は下腹部前で、拳一つくらい離す

①挙動

2　両爪先を軸にゆっくり踵を開き、内八字立。下段を掻き分けるように両拳を両腿前に構える。短吸長吐（息を吐き切る）

②挙動

3　右足内側から弧を描くようにゆっくり北進し、右三進立。双手中段前腕内受。短吸長吐（技が極まった瞬間に息を吐き切る）

4

5

6　立ち方、右拳そのまま。ゆっくり左拳左胸脇に引手。長吸

7　立ち方、右拳そのまま。ゆっくり左中段突。長吐

8　立ち方、右拳そのまま。ゆっくり左中段前腕内受。短吸長吐

③挙動

9　右足位置、両拳そのまま。ゆっくり左足北進、左三進立。短吸長吐

10　立ち方、左拳そのまま。ゆっくり右拳右胸脇に引手。長吸

11　立ち方、左拳そのまま。ゆっくり右中段突。長吐

12　立ち方、左拳そのまま。ゆっくり右中段前腕内受。短吸長吐

④挙動

13　左足位置、両拳そのまま。ゆっくり右足北進、右三進立。短吸長吐

14　立ち方、右拳そのまま。ゆっくり左拳左胸脇に引手。長吸

15　立ち方、右拳そのまま。ゆっくり左中段突。長吐

16　立ち方、右拳そのまま。ゆっくり左中段前腕内受。短吸長吐

⑤挙動

17　立ち方、右拳そのまま。ゆっくり左拳左胸脇に引手。長吸

18　立ち方、右拳そのまま。左拳を手甲下向のまま、ゆっくり右肘下に移動。止息のまま

19　左足位置、両拳そのまま。右足を東西線上、左足斜め前に踏み出す。止息のまま

20　両足位置そのまま。すばやく左転身、南向左三進立。左中段前腕内受。右拳右胸脇に引手。目は南方、短吐

21　立ち方、左拳そのまま。ゆっくり右中段突。短吸長吐

22　立ち方、左拳そのまま。ゆっくり右中段前腕内受。短吸長吐

⑥挙動

23　左足位置、両拳そのまま。ゆっくり右足南進、右三進立。短吸長吐

24　立ち方、右拳そのまま。ゆっくり左拳左胸脇に引手。長吸

25　立ち方、右拳そのまま。ゆっくり左中段突。長吐

26　立ち方、右拳そのまま。ゆっくり左中段前腕内受。短吸長吐

⑦挙動

27　立ち方、右拳そのまま。ゆっくり左拳左胸脇に引手。長吸

28　立ち方、右拳そのまま。左拳を手甲下向のまま、ゆっくり右肘下に移動。止息のまま

29　左足位置、両拳そのまま。右足を東西線上、左足斜め前に踏み出す。止息のまま

30　両足位置そのまま。すばやく左転身、北向左三進立。左中段前腕内受。右拳右胸脇に引手。目は北方、短吐

31　立ち方、左拳そのまま。ゆっくり右中段突。短吸長吐

32　立ち方、左拳そのまま。ゆっくり右中段前腕内受。短吸長吐

⑧挙動

33　左足位置、両拳そのまま。ゆっくり右足北進、右三進立。短吸長吐

34　立ち方、右拳そのまま。ゆっくり左拳左胸脇に引手。長吸

35　立ち方、右拳そのまま。ゆっくり左中段突。長吐

36　立ち方、右拳そのまま。ゆっくり左中段前腕内受。短吸長吐

⑨挙動

37　立ち方そのまま。両拳ゆっくり両胸脇に引手。長吸

⑩挙動

38　立ち方そのまま。ゆっくり双手上段縦手刀掻き分け。長吐

39

40

41

42

⑪挙動

43　立ち方そのまま。両拳ゆっくり両胸脇に引手。長吸

⑫挙動

44　**42** と同じ

⑬挙動

45　立ち方そのまま。両拳ゆっくり両胸脇に引手。長吸

⑭挙動

46　**42** と同じ

⑮挙動

47　左足位置そのまま、右足南退。左三進立。右上虎口。短吸短吐

48

49

50

⑯挙動

51　右足位置そのまま、左足南退。右三進立。左上虎口。短吸短吐「気合」

52

53

54

⑰挙動

55　左足位置そのまま。右足を引き付け結び立

56　結び立。両手開掌、左掌を右手甲に重ね、手甲北向。手の位置は下腹部前で、拳一つくらい離す

珍手

チンテ

形の名前の通り、諸手手刀上段受け、背刀下段払い、中高一本拳打ち落とし、二本貫手、背拳挟み撃ち等の珍しい技（手）が多数組み込まれており、最後は一気に敵との距離をとるといった身体の使い方が難しい形である。また、空手の形は受けから始まるとされているが、この形は鉄槌打ちから始まるという、正に珍しい形である。特に第一挙動の鉄槌打ちは極めを作るのが難しく、気迫に満ちた演武が求められる。特徴的なのは、騎馬立ちで背手受けから前屈になっての縦拳逆突きで反対の掌に音を立てて当てると同時に掌で握り込む動作である。形の意味は、背手受けをした手で相手の胸元を引き込みながら鉄槌逆突きであるが、掌に当てて包み込むという動作によって、引き込む力と突く力のバランスを体得できる。

構え

1　閉足立。右拳は左拳の上に重ね、左拳は水月付近に構える。この時、右拳は手甲北向、左拳は手甲下向

①挙動

2　立ち方、左拳そのまま。東方肩の高さにゆっくり円を描いて右鉄槌打。顔は右拳の動きに合わせてゆっくり東方を向く

3

4

5

6　右拳は止めることなく、ゆっくり下方に円を描き

7　水月前、左拳の下に手甲下向にして戻る。左拳は右拳の戻りに合わせ手甲ゆっくり北向。目は右拳の動きに合わせ北方に戻る

②挙動

8　立ち方、右拳そのまま。西方肩の高さにゆっくり円を描いて左鉄槌打。顔は左拳の動きに合わせてゆっくり西方を向く

9

③挙動

10　右足位置そのまま、左足北進。南北線上、騎馬立。双手手刀上段受。目は東方

11

12

④挙動

13　立ち方そのまま、南方にゆっくり右中段背手受。左拳引手、目は南方

⑤挙動

14　両足位置、右手位置そのまま。右前屈立、左中段縦逆突を右掌に当て音を立てる。当たった瞬間右掌で左拳を包む

⑥挙動

15　左足ゆっくり南進、騎馬立。左中段背手受、右拳引手

⑦挙動

16　両足位置、左手位置そのまま。左前屈立、右中段縦逆突を左掌に当て音を立てる。当たった瞬間左掌で右拳を包む

⑧挙動

17　右足ゆっくり南進、騎馬立。右中段背手受、左拳引手

⑨挙動

18　両足位置そのまま、右前屈立。左上段縦猿臂を右掌に打ち当てる。逆半身。「気合」

⑩挙動

19　両足位置そのまま。北方に振り向き、右後屈立。左手刀受

⑪挙動

20　右足北進、左後屈立。右手刀受

⑫挙動

21　右足位置、両手、上体そのまま。左中段前蹴り

22　右足位置そのまま。蹴った左足を元の位置に戻し、右前屈立。右中段前腕内受と同時に左下段払

⑬挙動

23　右足位置そのまま。左足を引き付け、北向閉足立。右腕は西方から東方に大きく円を描き、中段に構える

24　左拳引手。なお、左拳は手甲上向で始動（**22**）し、手甲下向で終了（**24**）

25

26

27

⑭挙動

28　左足位置そのまま。右足南退、南北線上、騎馬立

29　両腕を伸ばしたまま、北方から南方に大きく円を描き、北方に左背刀下段払。右手刀水月前添え手、手甲下向

30

⑮挙動

31　立ち方そのまま。両腕を伸ばしたまま南方から北方に大きく円を描き、南方に右背刀下段払、左手刀水月前。添え手・手甲は下向、目は南方

32

33

34

⑯挙動

35　立ち方そのまま。東方に双手中段前腕内受。目は東方

⑰挙動

36　左足位置そのまま。東方に右膝下段蹴。両拳両体側下段払。両手甲外向

37

38

⑱挙動

39　左足位置、右拳そのまま。蹴った右足東進、右前屈立。左中高一本拳で西方から大きく円を描き、東方中段に打ち落とす

40

41

42　立ち方、左拳そのまま。右中高一本拳打ち落とし、左手首の上に右手首が交差するように重ねる

43

44

45

⑲挙動

46　立ち方そのまま。右中段二本貫手前腕内受。左掌引手

⑳挙動

47　左足東進、左前屈立。左上段二本貫手追突。右拳引手

㉑挙動

48　右足位置そのまま、左転身。左足西進、左前屈立。左中段二本貫手前腕内受。右拳引手、目は西方

㉒挙動

49　右足西進、右前屈立。右上段二本貫手追突。左拳引手

㉓挙動

50　左足位置そのまま、右足南進。南北線上、右前屈立、右手を後方より水平に大きく回し、南方右中段猫手受、左拳引手。目は南方

51

52

㉔挙動

53　立ち方、右手そのまま。左猫手を後方より水平に大きく回し右猫手にぶつけ大きく音を立てる

54

55　立ち方そのまま、直ちに握拳。手甲上向で両腕を伸ばしたまま両体側一直線上肩の高さに開く

㉕挙動

56　両足位置、両腕そのまま。左180度転身、南北線上。左前屈立。目は北方

57　立ち方そのまま、両腕を伸ばしたまま、両手甲上向のまま両背拳中段挟み打（親指が接するくらいの位置）

㉖挙動

58　右足ゆっくり北進、騎馬立。右中段背手受、左拳引手

㉗挙動

59　両足位置、右手位置そのまま。右前屈立、左中段縦逆突を右掌に当て音を立てる。当たった瞬間右掌で左拳を包む

㉘挙動

60　左足ゆっくり北進、騎馬立。左中段背手受、右拳引手

㉙挙動

61　両足位置、左手位置そのまま。左前屈立、右中段縦逆突を左掌に当て音を立てる。当たった瞬間左掌で右拳を包む

㉚挙動

62　右足位置、両手そのまま。左足を引き付け、北向閉足立。立ち方そのまま、続けて南北線上を一・二歩軽く跳び下がり

63　最初の構えの位置に戻る。両手は人中前、拳二つ位離す（慈恩と同じ構え）

ジーン

ジーン

慈恩にやや似ているが、逆動作から始まる。単純な技が多いが、脱力・緩急等を、有段者として体感を確かめながら演武する時、平安の形とは大いに異なる身のこなしを体得出来る。他の形にない技として、騎馬立ちでの鉄槌打ちの際、打つ直前に周囲の敵への身構えを行いながら威圧を行うのがよい。斜め45度方向からの攻撃に対応する動作が、写真5～7、写真8～10、写真15～19、写真20～24、写真33～39と5回出てくる。写真15～20、写真21～26の「掻き分けて前蹴りに続けて連突きをして中段前腕外受け」と、「他方の手で下段払いによる防除へと続けるリズム」は、この形独特の攻防技である。写真41～47は他の形に見られない技であり、特に写真44～47は受けた手で直ちに反撃するという実戦的な特徴を持つ。

構え

1　閉足立。右拳を左掌で包み、人中前、拳二つ位離す

①挙動

2　左足南退、右前屈立。左中段前腕内受、同時に右下段払

②挙動

3　右足位置そのまま、左足西進。右後屈立。右上下受。目は西方

③挙動

4　両足位置そのまま、左後屈立。左上下受。目は西方

④挙動

5　右足軸、左足北西進。左前屈立、左上段受。右手は左足前進途中、開手上段受してから引手。目は北西方

6

⑤挙動

7　右足北西進、右前屈立。右中段追突

⑥挙動

8　左足軸、右足北東進。右前屈立、右上段受。左手は右足前進途中。開手上段受してから引手。目は北東方

9

⑦挙動

10　左足北東進、左前屈立。左中段追突

⑧挙動

11　右足軸、左足45度南北線上に移動。左前屈立。左下段払、右拳引手。目は北方

⑨挙動

12　右足北進、騎馬立。右中段底掌打、左拳引手

⑩挙動

13　左足北進、騎馬立。左中段底掌打、右拳引手

⑪挙動

14　右足北進、騎馬立。右中段底掌打、左拳引手

⑫挙動

15　右足軸、ゆっくり左転身。左足南東進、左前屈立。ゆっくり中段掻き分。両手甲斜め上向。目は南東方

16　左足位置、両拳そのまま。南東方に右中段前蹴

17　左足位置そのまま。蹴った右足南東進。右前屈立。右左中段連突

18

19　立ち方そのまま。左中段前腕内受、同時に右下段払

⑬挙動

20　左足軸、ゆっくり右転身。右足南西進、右前屈立。ゆっくり中段掻き分。両手甲斜め上向。目は南西

21　右足位置、両拳そのまま。南西方に左中段前蹴

22　右足位置そのまま。蹴った左足南西進。左前屈立。左右中段連突

23

24　立ち方そのまま。右中段前腕内受、同時に左下段払

⑭挙動

25　左足軸、右転身。右足南進。南北線上、騎馬立。南方に右中段鉄槌打、左拳引手。目は南方

26

27

⑮挙動

28　右足軸、左転身、左足南進、右騎馬立。南方に左中段鉄槌打。右拳引手

29

⑯挙動

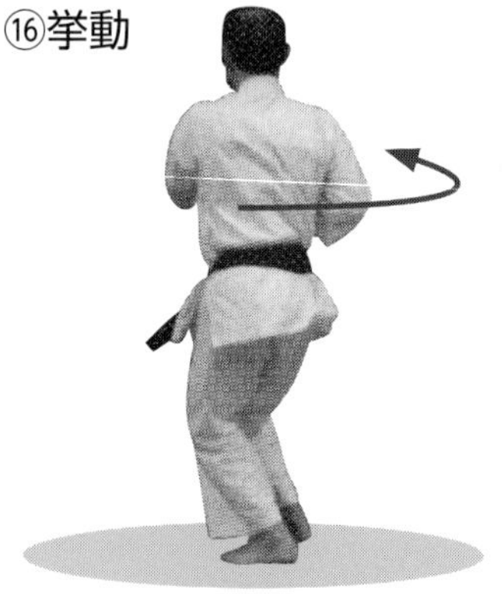

30　左足軸、左転身、右足南進。騎馬立。南方に右中段鉄槌打。左拳引手

31

32

⑰挙動

33　右足位置そのまま、左足ゆっくり南東進、左前屈立。左中段縦手刀受。右拳引手

34

35　立ち方そのまま。右左中段連突

36

37　左足位置、両拳そのまま。南東方に右中段前蹴

38　左足位置そのまま。蹴った右足を元の位置に戻し、左前屈立。右中段逆突

39　立ち方そのまま。右中段前腕内受、同時に左下段払

⑱挙動

40　右足軸、左転身、東西線上。騎馬立。左中段前腕内受、同時に右下段払。目は北方

41

42

43　立ち方、右拳そのまま。中段前腕内受の位置から左下段払

44　立ち方そのまま。ゆっくり双手中段前腕内受

45

46　立ち方そのまま。左右中段連突を行いながら「気合」

47

⑲挙動

48　右足位置そのまま。左足位置を引き付け閉足立

雲手

ウンス

松涛館の形の中では、最もバラエティに富んだ技が組み込まれている。鶏頭受けからの一本貫手、縦手刀受けからの逆突き、上体を伏せての左右回し蹴りと続き、立ち上がりながら左右底掌打ちから、前手鶏頭受け後ろ手底掌受けに入るや、手足共に左右入れ替えの動作に入る。上段背刀打ちから上段前蹴りを間髪を入れず繰り出し、着地と共に上体を回転させて上段前腕外受けから中段逆突きと、正中線を軸に体幹を回転させて使う技が多い。最後は三日月蹴りで飛び上がり、360度回転させたところで後ろ蹴りを繰り出すという驚異的な跳躍力が必要とされる。閉足立ち、猫足立、不動立ち、騎馬立ち、前屈立ち、後屈立ち、三進立ちとほぼすべての基本的立ち方が組み込まれており、手技蹴りの種類も多様で、非常に難易度の高い形である。

構え

1　閉足立。両腕を軽く伸ばし、両手甲外向、両体側から拳三つ位離す

①挙動

2　立ち方そのまま。両底掌手刀側を付け、ゆっくり掬い上げる

3

4　立ち方そのまま。両底掌指先は上向きで手甲を内側に向け、左右にゆっくり押し出すように伸ばす

5

②挙動

6　左足位置そのまま。右足内側から弧を描き、ゆっくり北進。右足前猫足立。双手中段鶏頭受

7

8

9　立ち方、左手そのまま。右中段一本貫手（貫手は鶏頭受の位置から小さく弧を描いて突き、反動で元の位置に戻る）

10

③挙動

11　右足位置、両手そのまま。左足内側から弧を描き、ゆっくり北進。左足前猫足立

12

13　立ち方、右手そのまま。左中段一本貫手

14

④挙動

15　左足位置、両手そのまま。右足内側から弧を描き、ゆっくり北進。右足前猫足立

16　立ち方、左手そのまま。右中段一本貫手

17

⑤挙動

18　右足位置そのまま。ゆっくり左足西進、左不動立。北方に左中段縦手刀受。右拳引手、目は北方

19　立ち方そのまま。摺り足西進、右中段逆突。左拳引手

⑥挙動

20　左足位置そのままゆっくり左転身。東西線上、右不動立。東方に右中段縦手刀受。左拳引手。目は東方

21　立ち方そのまま。摺り足東進、左中段逆突。右拳引手

⑦挙動

22　右足位置そのまま。ゆっくり左足北進、左不動立。北方に左中段縦手刀受。右拳引手。目は北方

23　立ち方そのまま。摺り足北進、右中段逆突。左拳引手

⑧挙動

24　左足位置そのまま。ゆっくり右転身。南北線上、右不動立。南方に右中段縦手刀受。左拳引手、目は南方

25　立ち方そのまま。摺り足東進、左中段逆突。右拳引手

⑨挙動

26　右足位置そのまま。西方に体を伏せ、左中段回し蹴。両掌着床。目は蹴足の方向

27

28　両手位置そのまま。左転身、東方に体を伏せ、右中段回し蹴。目は蹴足の方向

29　左足位置そのまま。起き上がりながら、ゆっくり右足北進、東西線上。騎馬立。左右上段に両底掌を伸ばす。目は北方

30

31

⑩挙動

32　右足位置そのまま。左足を右足に引き付け、さらに右足南退、左前屈立。左中段鶏頭受、同時に南方に右下段底掌受

33

34

⑪挙動

35　左足位置そのまま。右足を左足に引き付け、さらに左足南退、右前屈立。右中段鶏頭受、同時に南方に左下段底掌受

36

⑫挙動

37　立ち方そのまま。左上段背刀回し打。右拳引手

⑬挙動

38

39

40

41　右足位置、両手そのまま。左上段前蹴

42　蹴った左足北進。右足軸、右転身、南北線上。右前屈立、右中段前腕外受。左拳引手、目は南方

43　立ち方そのまま。左中段逆突。右拳引手

44　右足位置そのまま。左転身、南北線上、左前屈立。右上段背刀回し打。左拳引手、目は北方

45

⑭挙動

46

⑮挙動

47　左足位置、両手そのまま。右上段前蹴

48　蹴った右足北進。左足軸、左転身、南北線上。左前屈立、左中段前腕外受。右拳引手、目は南方

49　立ち方そのまま。右中段逆突。左拳引手

⑯挙動

50　右足位置そのまま。左足ゆっくり右足に引き付け、南向閉足立、最初の構え。目は南方

51

⑰挙動

52　右足位置そのまま。左足ゆっくり南東進、左不動立。右手刀南東方、斜め上に伸ばす。手甲北東向、左手刀左膝前構え。手甲北東向、目は南東方

⑱挙動

53　左足位置そのまま。右足南東進、右前屈立。右正拳下段打ち下ろし。左拳引手

⑲挙動

54　両足位置そのまま。左転身、北西線上、左前屈立。左下段払、右拳引手。目は北西方

⑳挙動

55　両足位置そのまま。右転身、南東線上、右前屈立。右下段払、左拳引手、目は南東方

56　立ち方そのまま。左中段逆突、右拳引手

㉑挙動

57　両足位置そのまま。ゆっくり左転身、北西線上。左不動立、左中段縦手刀受。右拳引手、目は北西方

58

㉒挙動

59　両足位置、左手そのまま。右転身、南東線上、右前屈立。右下段払、左拳引手。目は南東方

60

61

62

63

㉓挙動

64　左足位置そのまま。北西方に右中段前蹴込。両手を握り右腰に手繰り寄せる「気合」

65

㉔挙動

66　左足位置そのまま。蹴った右足北西進。右前屈立。左右中段連突

67

㉕挙動

68　左足位置、左拳そのまま。右足南進、騎馬立。南方に右下段払。目は南方

69

70

㉖挙動

71　立ち方そのまま。北方に左上段背刀受。右拳引手。目は北方

㉗挙動

72　右足位置、右拳そのまま。左足南進、騎馬立。南方に左下段払。目は南方

㉘挙動

73　立ち方そのまま。北方に右上段背刀受。左拳引手、目は北方

㉙挙動

74　立ち方そのまま。北方に左中段突。右拳引手

㉚挙動

75　両足位置そのまま。左転身、南北線上、左前屈立。左中段縦手刀受、右拳引手。目は南方

㉛挙動

76　南方に跳躍しながら左掌に右三日月蹴

77　空中で360度転身。北方に左後蹴。低く伏せて着地。両掌着床、目は南方

78

㉜挙動

79　右足位置そのまま。左足南進、左三進立。右上虎口。目は南方

㉝挙動

80　右足南進、右三進立。左上虎口

㉞挙動

81　右足軸、左転身。南北線上、左不動立。左上段受、右拳引手。目は北方

㉟挙動

82　両足位置そのまま。左前屈立。右中段逆突、左拳引手。「気合」

㊱挙動

83　右足位置そのまま。左足引き付け閉足立

84

85　閉足立。両腕を軽く伸ばし、両手甲外向、両体側から拳三つ位離す

参考

⑨挙動

27　組手では、腕、上体、支持脚は着床せず写真のように蹴りを使う

28

百〇八

ヒャクハチ

剛柔流、糸東流でいうスーパーリンペイを船越義珍先生監修の下、松涛館の形として取り入れた。松涛館にはない三進立ちはそのまま残したが、四股立ちは騎馬立ちに変更され、立ち足の締めを特に重要視した形である。緩やかな動きに合わせて息を吐き、身体全体の締めを覚え、四方向に繰り返すことで錬度を上げ、体得するのに適している。緩やかな動きから一転、諸手突きから下段払い逆突きを素早く繰り出すことによって緩急が際立っている。猫足立ちでの前腕内受けから、転身して騎馬立ちになりながら残した受け手に添っての上段裏突きはノーモーションで相手の懐に入る感覚を身に付けるのに役立っている。

構え

1　結び立。両手開掌、左掌を右手甲に重ね、手甲北向。下腹部前、拳一つ位離す

①挙動

2　ゆっくり内八字立。両拳下段構え。両手甲北向（三進**2**と同要領）

②挙動

3　右足ゆっくり北進、右三進立。双手中段前腕内受

4　立ち方、右拳そのまま。左拳ゆっくり左胸脇に引手

5　立ち方、右拳そのまま。ゆっくり左中段突

6　立ち方、右拳そのまま。ゆっくり左中段前腕内受

③挙動

7　両拳そのまま。左足ゆっくり北進、左三進立

8　立ち方、左拳そのまま。右拳ゆっくり右胸脇に引手

9　立ち方、左拳そのまま。ゆっくり右中段突

10　立ち方、左拳そのまま。ゆっくり右中段前腕内受

④挙動

11　両拳そのまま。右足ゆっくり北進、右三進立

12　立ち方、右拳そのまま。左拳ゆくり左胸脇に引手

13　立ち方、右拳そのまま。ゆっくり左中段突

14　立ち方、右拳そのまま。ゆっくり左中段前腕内受

⑤挙動

15　立ち方そのまま。両拳ゆっくり両胸脇に引手

16　立ち方そのまま。ゆっくり双手上段縦手刀掻き分

17

18

⑥挙動

19　左足北進、左三進立。右上虎口

20

21

22

23

⑦挙動

24　右足北進、右三進立。左上虎口

⑧挙動

25　立ち方そのまま。ゆっくり右中段縦手刀受。左手刀引手、手甲下向

26　立ち方そのまま。左中段四本貫手、手甲下向。右手刀引手、手甲下向

⑨挙動

27　左足位置そのまま、右足西進。左転身、南向、左三進立。右上虎口

28

⑩挙動

29　右足南進、右三進立。左上虎口

⑪挙動

30　立ち方そのまま。ゆっくり右中段縦手刀受。左手刀引手、手甲下向

31　立ち方そのまま。左中段四本貫手、手甲下向。右手刀引手、手甲下向

⑫挙動

32　両足位置そのまま。左転身、東向、左三進立。右上虎口

⑬挙動

33　右上東進、右三進立。左上虎口

⑭挙動

34　立ち方そのまま。ゆっくり右中段縦手刀受。左手刀引手、手甲下向

35　立ち方そのまま。左中段四本貫手、手甲下向。右手刀引手、手甲下向

⑮挙動

36　左足位置そのまま、右足北進。左転身、西向、左三進立。右上虎口

⑯挙動

37　右足西進、右三進立

⑰挙動

38　立ち方そのまま。ゆっくり右中段縦手刀受。左手刀引手、手甲下向

39　立ち方そのまま。左中段四本貫手、手甲下向。右手刀引手、手甲下向

⑱挙動

40　左足位置そのまま。右足は内側から弧を描き、西向、右足前猫足立。左上虎口

41

42

43

44

⑲挙動

45　右足軸、左転身。左足を内側から弧を描き、東向、左足前猫足立。右上虎口

46

47

⑳挙動

48　左足軸、右転身。右足を内側から弧を描き、南向、右足前猫足立。左上虎口

㉑挙動

49　右足軸、左転身。左足を内側から弧を描き、北向、左足前猫足立。右上虎口

50

㉒挙動

51　左足位置そのまま。北向、左三進立。両拳引手

52　立ち方そのまま。右上段、左中段双手突

㉓挙動

53　右足北進、右前屈立。右下段払、左拳引手

54　立ち方そのまま。左中段連突

㉔挙動

55　左足軸、左転身。東西線上、東向、左三進立。両拳引手

56　立ち方そのまま。右上段、左中段双手突

㉕挙動

57　右足南進、右前屈立。右下段払、左拳引手

58　立ち方そのまま。左中段逆突

㉖挙動

59　左足軸、左転身。東西線上、東向、左三進立。両拳引手

60　立ち方そのまま。右上段、左中段双手突

㉗挙動

61　右足東進、右前屈立。右下段払、左拳引手

62　立ち方そのまま。左中段逆突

㉘挙動

63　左足軸、左転身。東西線上、西向、左三進立。両拳引手

64　立ち方そのまま。右上段、左中段双手突

㉙挙動

65　右足西進、右前屈立。右下段払、左拳引手

66　立ち方そのまま。左中段逆突

㉚挙動

67　右足位置そのまま、左転身。南東線上、左足前猫足立。左中段前腕内受、右拳引手。目は南東方

㉛挙動

68　右足南東進、騎馬立。南東方に右上段突、手甲下向。左拳は右肘辺りに添え手、手甲下向

69　立ち方、顔の向きそのまま。両拳を両体側下段にゆっくり掻き分けるように構える

㉜挙動

70　右足軸、左転身。北西線上、左足前猫足立。左中段前腕内受、右拳引手。目は北西方

㉝挙動

71　右足北西進、騎馬立。北西方に右上段突、手甲下向。左拳は右肘辺りに添え手、手甲下向。

72　立ち方、顔の向きそのまま。両拳を両体側下段にゆっくり掻き分けるように構える

㉞挙動

73 右足位置そのまま、左足南西進。南西線上、左足前猫足立。左中段前腕内受、右拳引手。目は南西方

㉟挙動

74 右足南西進、騎馬立。南西方に右上段突、手甲下向。左拳は右肘辺りに添え手、手甲下向

75 立ち方、顔の向きそのまま。両拳を両体側下段にゆっくり掻き分けるように構える

㊱挙動

76 右足軸、左転身。北東線上、左足前猫足立。左中段前腕内受、右拳引手。目は北東方

㊲挙動

77 右足北東進、騎馬立。北東方に右上段突、手甲下向。左拳は右肘辺りに添え手、手甲下向

78 立ち方、顔の向きそのまま。両拳を両体側下段にゆっくり掻き分けるように構える

㊳挙動

79 左足位置そのまま。右足ゆっくり北進、右前屈立。右中段縦手刀受。左拳引手

㊴挙動

80 左足北進、左前屈立。左中段縦手刀受。右拳引手

81

㊵挙動

82　左足位置、両手そのまま。右中段前蹴

83　蹴った右足そのまま北進、騎馬立。西方に右中段猿臂、左掌を打つ。右手甲上向、左手甲西向。目は北方

84　立ち方そのまま。北方に右上段縦裏拳打。左拳引手

㊶挙動

85　両足位置そのまま。ゆっくり右転身、南北線上、右前屈立、逆半身。左中段縦手刀受、右拳引手

86

㊷挙動

87　右足軸、ゆっくり左転身。南北線上、南向、左足前猫足立。左背頭肩の高さ、右背頭水月前に上げ受。目は南方

㊸挙動

88　右足南進、右前屈立。右手開手、中段前腕内受。左手刀、北方下段払

㊹挙動

89　左足南進、左前屈立。左手開手、中段前腕内受。左手刀、北方下段払

㊺挙動

90　右足南進、右前屈立。右手開手、中段前腕内受。左手刀、北方下段払

㊻挙動

91　右足軸、左転身。南北線上、北向、左足前猫足立。左中段背手受、右拳引手。目は北方

㊼挙動

92　左足位置、両手そのまま。左掌を右三日月蹴。「気合」

93　左足軸、三日月蹴の余勢で左360度転身、**46**の姿勢に戻る

94

95

96　右足位置そのまま。直ちに北方に、左中段前蹴。両拳は相手を掴んで両腰に手繰り寄せる、両手甲上向

97　右足位置そのまま、蹴った左足そのまま北進。着地と同時に、両拳そのまま右中段前蹴

98

99　蹴った右足そのまま北進、騎馬立。西方に右中段猿臂、左掌を打つ。右手甲上向、左手甲西向。目は北方

100　立ち方そのまま。右上段縦裏拳打、左拳引手

㊽挙動

101　両足位置そのまま。ゆっくり右転身、南北線上、右前屈立、逆半身。左中段縦手刀受、右拳引手

102

㊾挙動

103　右足軸、左転身。南北線上、南向、左足前猫足立。左背頭肩の高さ、右背頭水月前に上げ受。目は南方

㊿挙動

104　摺り足で大きく南進、南北線上、騎馬立。西方に右上段、左中段双手突き

105　「気合」

(51)挙動

106　左足軸、ゆっくり右転身。南北線上、北向、右足前猫足立。右背頭肩の高さ。左背頭水月前に上げ受。目は北方

107

(52)挙動

108　左足位置そのまま。右足を引き付け、結び立

構え

109

セーエンチン

セーエンチン

写真3～10、写真11～16、写真17～22、写真26～28、写真29～31、写真37～41、写真44～48の演武線は斜め45度方向である。ゆっくり動作する技が多いので、脚の締め上げはもちろん、体幹部の筋肉も締め緩めを自在に使いこなす訓練としては、申し分がない大切な形である。写真25、写真44、写真45、写真51、写真52の上段縦猿臂は猫足立と共に、バランスの訓練に有益である。開手している技が多いので相手を掴んで崩して有利になる技に応用出来る。

構え

1　結び立。両手開掌、左掌を右手甲に重ね、手甲北向。下腹部前、拳一つ位離す

①挙動

2　ゆっくり内八字立。両拳下段構え、両手甲北向（三珍**2**と同要領）

②挙動

3　右足ゆっくり北東進、騎馬立。両腕を下方に伸ばし、両掌側指先を付け、ゆっくり両掌を上に返し、両背手合せ、水月前構え

4

5

6　立ち方そのまま。両拳握り、両脇にゆっくり下段払（体側よりやや内側、両腿と平行位の位置）

7　立ち方そのまま。北方、下から上にゆっくり右底掌中段受。左拳引手

8

9　立ち方、左拳そのまま。ゆっくり右前腕回内、手甲返し

10　立ち方そのまま。北東方にゆっくり左中段横四本貫手。手甲下向、右手刀引手、手甲上向

③挙動

11　左足ゆっくり北西進、騎馬立。両腕を下方伸ばし、両掌側指先を付け、ゆっくり両掌を上に返し、両背手合せ、水月前構え

12

13　立ち方そのまま。両拳握り、両脇にゆっくり下段払

14　立ち方そのまま。北方、下から上にゆっくり左底掌中段受。右拳引手

15　立ち方、右拳そのまま。ゆっくり左前腕回内、手甲返し

16　立ち方そのまま。北西方にゆっくり右中段横四本貫手。手甲下向、左手刀引手、手甲上向

④挙動

17　右足ゆっくり北東進、騎馬立。両腕を下方に伸ばし、両掌側指先を付け、ゆっくり両掌を上に返し、両背手合せ、水月前構え（**3**と同要領）

18

19　立ち方そのまま。両拳握り、両脇にゆっくり下段払（体側よりやや内側、両腿と平行位の位置）（**6** と同要領）

20　立ち方そのまま。北方、下から上にゆっくり右底掌中段受。左拳引手（**7** と同要領）

21　立ち方、左拳そのまま。ゆっくり右前腕回内、手甲返し（**9** と同要領）

22　立ち方そのまま。北東方にゆっくり左中段横四本貫手。手甲下向、右手刀引手、手甲上向（**10** と同要領）

⑤挙動

23　左足位置そのまま、右足引き寄せ南北線上、右足前猫足立。右拳右胸脇に引手、手甲上向。左手刀、掌を右拳親指側に添え手

24　右足北進、右前屈立。右中段追突。左手は **23** のまま添え手

⑥挙動

25　右足南退、左足前猫足立。右上段縦猿臂、左掌に当てる

⑦挙動

26　左足位置そのまま、右足北東進、右前屈立。右中段前腕内受。左手掌、右前腕外に添え手。目は北東方

⑧挙動

27　左足北東進、騎馬立。北東方体側に右下段払。左拳引手

⑨挙動

28　右足位置そのまま、左足南西退騎馬立、北東方体側に右下段払。左拳引手

⑩挙動

29　右足位置そのまま、左足北西進。左前屈立、左中段前腕内受。右掌、左前腕外に添え手。目は北西方

⑪挙動

30　右足北西進、騎馬立。北西方体側に右下段払。左拳引手

⑫挙動

31　左足位置そのまま、右足南東退、騎馬立。北西方体側に左下段払。右拳引手

⑬挙動

32　右足位置そのまま。左足ゆっくり南退、南北線上。右不動立、左手刀上段受のかたち。右底掌、右膝前にゆっくり構える。目は北方

⑭挙動

33　左足位置そのまま、右足ゆっくり南退。左不動立。右手刀上段受のかたち。左底掌、左膝前にゆっくり構える

⑮挙動

34　左足位置そのまま、右足北進。右足前猫足立、右上段縦裏拳打。左掌、右前腕上添え手

35

36

⑯挙動

37　立ち方そのまま、摺り足北進。右手甲下向、左添え手のまま右上段突、突いた拳、添え手は直ちに戻る

38

⑰挙動

39　右足位置そのまま、左転身。左足南西進、左前屈立。南西方に左中段前腕内受、同時に右下段払。目は南西方

⑱挙動

40　立ち方、右拳そのまま。左拳開掌、前腕回内、手甲内向

41　左足位置そのまま、右足南西進。騎馬立、南西方に右上段縦正拳突。左拳引手

42　立ち方、左拳そのまま。直ちに南西方体側に右下段払

⑲挙動

43　左足位置そのまま。右足北東退、騎馬立。南西方体側に左下段払。右拳引手

⑳挙動

44　左足位置そのまま、右足引き寄せ、南北線上、右足前猫足立。右上段縦猿臂、左拳引手。目は北方

㉑挙動

45　左足位置そのまま、右足南退、左足前猫足立。左上段縦猿臂、右拳引手

㉒挙動

46 左足位置そのまま、右転身。右足南東進、右前屈立。南東方に右中段前腕内受、同時に左下段払。目は南東方

47 立ち方、左拳そのまま。右拳開掌、全腕回内、手甲内向

㉓挙動

48 右足位置そのまま、左足南東進、騎馬立。南東方に、左上段縦正拳突。右拳引手

49 立ち方、右拳そのまま。直ちに南東方体側に左下段払

㉔挙動

50 右足位置そのまま。左足北西退、騎馬立。南東方体側に右下段払。

㉕挙動

51 右足位置そのまま、左足引き寄、南北線上、左足前猫足立。左上段縦猿臂、右拳引手。目は北方

㉖挙動

52 右足位置そのまま。左足南退、右足前猫足立。右上段縦猿臂、左拳引手

㉗挙動

53 立ち方、右手そのまま。左底掌、南方から北方に円を描き中段打ち落とし

54

55

56

㉘挙動

57　立ち方、左手そのまま。摺り足北進、右上段縦裏拳打

㉙挙動

58　左足位置そのまま、右足南退、左足前猫足立。両猿臂中段打ち下ろし。両手甲北向

59　立ち方そのまま。直ちに左右同時に横猿臂。両手甲上向

㉚挙動

60　右足位置そのまま。左足を引き付け結び立

61　最初の構え

転掌

テンショウ

空手では全身が武器であり、受け・攻撃を自由に使い表現するが、この形は、早く動く鍛錬された肉体をいかに気の緩急・力の強弱でゆっくりと表現するかなど、非常に難しい動作が多々ある。 特に手首の「柔軟さ」と「動きの支点をできるだけ固定すること」が肝要である。しかも力強さと腰の安定・手足の動き・運足・しめ方が『気』と相まって、演武する人により日頃の鍛錬の妙味が出る形である。

構え

1　結び立。両手開掌、左掌を右手甲に重ね、手甲北向。下腹部前、拳一つ位離す

①挙動

2　ゆっくち内八字立。両拳下段構え。両手甲北向。短吸長吐（三進**2**と同要領）

②挙動

3　右足ゆっくり北進、右三進立。双手中段前腕内受。短吸長吐

③挙動

4　立ち方、右拳そのまま。左拳をゆっくり左胸脇に引手。長吸

5　立ち方、左拳そのまま。右拳開掌、右腕回内、手首掴み、止まる事なく回外、逆を取る。長吐

6

7

8

9

10

11

12

13　立ち方、左拳そのまま。右虎口をゆっくり右胸脇に引手。長吸

14　立ち方、左拳そのまま。ゆっくり右上段底掌突、手甲南向。長吐

15　立ち方、左拳そのまま。右熊手をゆっくり右胸脇に引手。長吸

16　立ち方、左拳そのまま。ゆっくり右下段底掌突、手甲南向。長吐

17　立ち方、左拳そのまま。ゆっくり右中段鶏頭受。短吸長吐

18　立ち方、左拳そのまま。ゆっくり右中段青竜刀受。短吸長吐

19　立ち方、左拳そのまま。ゆっくり右中段鶴頭受。短吸長吐

20　立ち方、左拳そのまま。ゆっくり右中段底掌受。短吸長吐

④挙動

21　ゆっくり左足北進、左三進立。左中段前腕内受、右拳引手。短吸長吐

22　立ち方、右拳そのまま。左拳開掌、左腕回内、手首掴み、止まることなく回外、逆を取る。短吸長吐

23

24　立ち方、右拳そのまま。左虎口をゆっくり左胸脇に引手。長吸

25　立ち方、右拳そのまま。ゆっくり左上段底掌突、手甲南向。長吐

26　立ち方、右拳そのまま。左熊手をゆっくり左胸脇に引手。長吸

27　立ち方、右拳そのまま。ゆっくり左下段底掌突、手甲南向。長吐

28　立ち方、右拳そのまま。ゆっくり左中段鶏頭受。短吸長吐

29　立ち方、右拳そのまま。ゆっくり左中段青竜刀受。短吸長吐

30　立ち方、右拳そのまま。ゆっくり左中段鶏頭受。短吸長吐

31　立ち方、右拳そのまま。ゆっくり左中段鶏頭受。短吸長吐

⑤挙動

32　右足ゆっくり北進、右三進立。双手中段前腕内受。短吸長吐

33　立ち方そのまま。両拳開掌、両腕回内、両手首掴み、止まることなく回外、逆を取る。短吸長吐

34

35　立ち方そのまま。両虎口をゆっくり両胸脇に引手。長吸

36　立ち方そのまま。ゆっくり双手上段底掌掻き分。長吐

37 立ち方そのまま。両熊手をゆっくり両胸脇に引手。長吸

38 立ち方そのまま。ゆっくり双手下段底掌突。手甲南向。長吐

39 立ち方そのまま。ゆっくり双手中段鶏頭受。短吸長吐

40 立ち方そのまま。ゆっくり双手中段青竜刀受。短吸長吐

41 立ち方そのまま。ゆっくり双手中段鶴頭受。短吸長吐

⑥挙動

42 立ち方そのまま。ゆっくり双手中段底掌受。短吸長吐

43 右足南退、左三進立。両手一旦前方肩の高さに伸ばし、双手中段後猿臂、両胸脇に引手。短吸長吐

44 立ち方そのまま。ゆっくり双手上段縦手刀掻き分。短吸長吐

⑦挙動

45 左足南退、右三進立。双手中段後猿臂、両胸脇に引手。短吸長吐

⑧挙動

46　立ち方そのまま。ゆっくり双手上段縦手刀掻き分。短吸長吐

47　右足南退、左三進立。右上虎口。短吸短吐「気合」

48

49

⑨挙動

50　右足位置そのまま。左足引き付け結び立。短吸長吐

参考

①

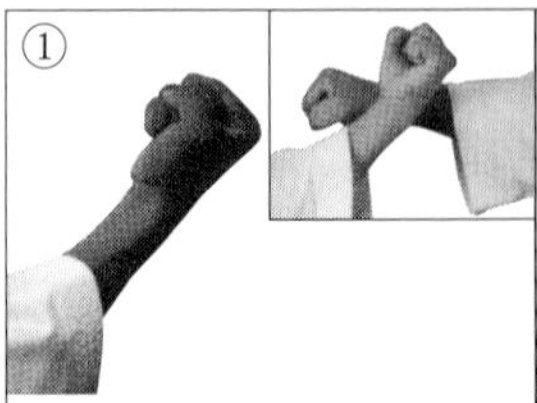

中段前腕内受

②

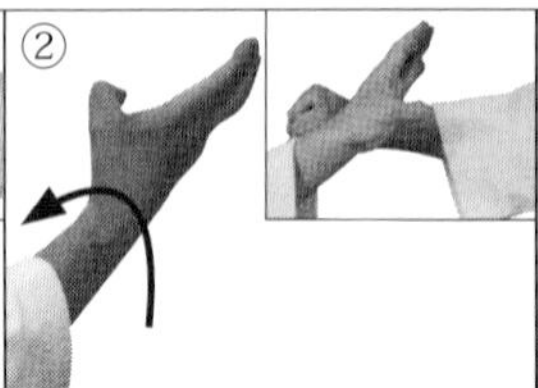

開掌、前腕回内、手首掴み

③

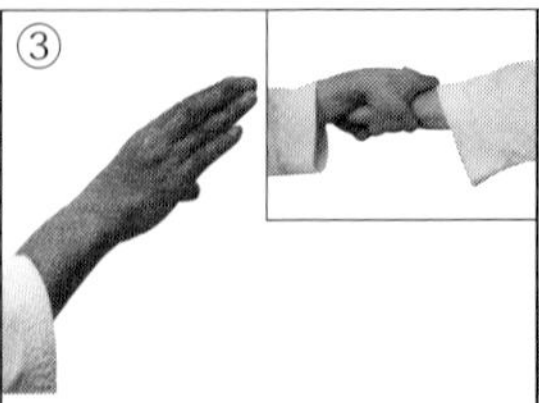

④

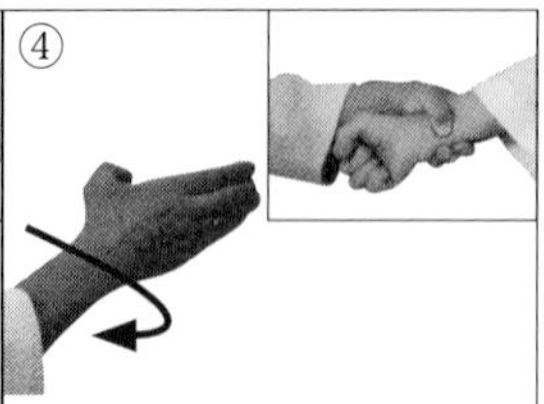

止まる事無く回外、逆を取る

⑤

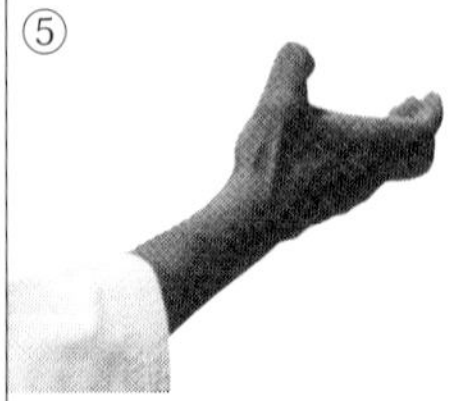

⑥

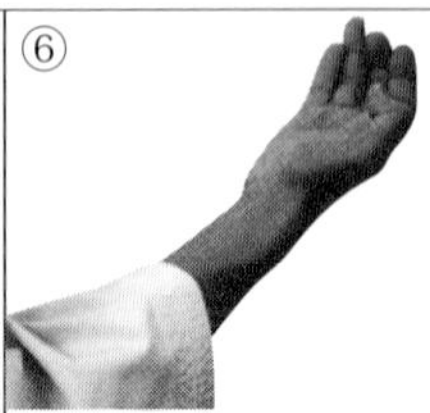

⑦

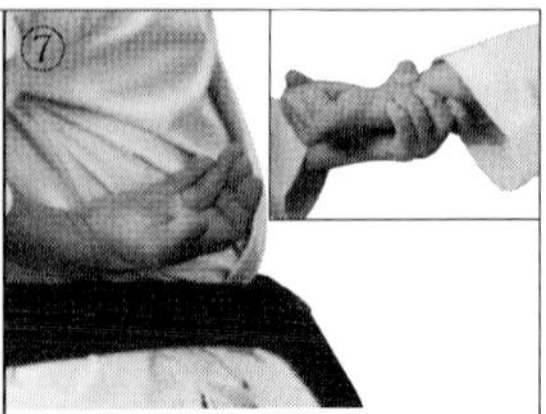

虎口を右胸脇に引手

周氏の棍

シュウシノコン

非常に短く、基本的な棒の操作方法を学ぶのに適した形である。立ち方は前屈立ち、後屈立ち、騎馬立ち、閉足立ち、添え足立ちのみで、突き、打ち、受けといった基本技で構成されている。棒を持つことで、背骨の歪みが起きにくく脇も空きにくいので、空手の動きを身に付けることに役立つ。棒の二点をしっかりと握り込んだままでの両手の操作や、前手の握りを緩めて後ろ手のみでスナップを利かせた突きとの変化を体感できる。

構え

1　結び立。棍を右掌で後方（南方）から包むように、下から１／３位の所を持ち右体側に立てる。上部は右肩前に付ける。左手は左体側に自然に伸ばす

①挙動

2　閉足立。左手を頭上からゆっくり廻し、棍の上から１／３位の所を持つ。両手甲南向

3　左足南退、右前屈立。左手北方に伸ばし上段打。そのまま止めずに左腰に引く。同時に右手南方から大きく円を描き北方上段打

4　（**3**から**4**の動作を以後「上段打」と称す）

②挙動

5　左足西進、騎馬立。南方に両手中段後突

6　立ち方そのまま。続いて北方に両手中段突

③挙動

7　両足位置そのまま、右後屈立ち。南方から西方に下段払。左手甲斜め上向。右手は右肩前に引く。右手甲斜め下向。目は西方

8　立ち方、左手位置そのまま。左掌の中を滑らせ右下段突

9　直ちに元の位置に戻す（**8**から**9**の動作を以後「下段突」と称す）

④挙動

10　左足位置そのまま、右転身。東西線上、右前屈立、棍を立て北方から東方に下段払（棍はほぼ垂直）。目は東方

11　立ち方そのまま。東方に右上段打

12

13　立ち方、左手そのまま。右前腕内受の要領で東方からの上段突を廻し受ける。半身。（この動作を以後「上段廻し受」と称す）

14　立ち方、右手位置そのまま。右掌の中を滑らせ、左腕回外しながら上段突。左手甲下向

15　左手直ちに元の位置に戻す

⑤挙動

16　右足位置そのまま。東西線上、右後屈立。南方から西方に下段払。目は西方

17　立ち方、左手位置そのまま。右下段突

18

⑥挙動

19　左足位置そのまま、顔を北方に向け右足北進

20　続いて左足を引き寄せ閉足立。両手頭上に振りかぶり北方に上段打ち下ろし、左手は引手位置。目は北方

⑦挙動

21　右足北進、閉足立。北方に上段打ち下ろし

22

⑧挙動

23　右足北進、閉足立。北方に上段打ち下ろし

24　「気合」

⑨挙動

25　右足東進、右添え足立。棍を立て北方から東方に下段払（棍ほぼ垂直）。目は東方

26

⑩挙動

27　左足西退、右前屈立。東方に右上段打

⑪挙動

28

29　立ち方そのまま。右上段廻し受

30　立ち方、右手位置そのまま。右掌の中を滑らせ左上段突

⑫挙動

31

32　右足位置そのまま。東西線上、右後屈立。南方から西方に下段払。目は西方

33　立ち方、左手位置そのまま。右下段突

⑬挙動

34

35　右足西進、右前屈立。棍を立て、南方から西方に下段払（棍ほぼ垂直）。

36　立ち方そのまま。西方に右上段打

37

⑭挙動

38 左足位置そのまま、右足を左足前に引き寄せ交差立。南北線上、頭上水平上段受。目は北方

39 右足位置、両手そのまま。左足南退、突っ立。目は北方

⑮挙動

40 右足南方に寄り足。左足大きく南進、騎馬立。西方中段横打。目は西方

41 「気合」

⑯挙動

42 左足位置そのまま。右足を引き付け、北向閉足立。**2**の構え。目は北方

⑰挙動

43 結び立。左手を棍から離し体側に伸ばす

佐久川の棍

サクガワノコン

「周氏の棍」の倍近い挙動数があり、難度の高い技が組み込まれている。両掌を滑らせて持つ場所を入れ替えての垂直下段受けからの左上段打ち、逆回転させて、右手を押し上げ顎打ち、そのまま返して２連続左上段打ちは一連の流れの中で行われる。正中線をしっかりと保ち、脇を空けず、掌が棒に吸いついているような手首の柔らかさが必要である。また、回し受けは、肘を動かさず手首を返すので、空手の中段内受けの感覚を体得するのに役立つと言われてきた。なお、突っ立ちとなり、両手を高く上げて敵の上段打ちを跳ね返す姿は、船越義珍の写真に残されている。

構え

1　結び立。棍を右手で右体側に持つ（周氏の棍と同じ）。

①挙動

2　閉足立。左手を頭上からゆっくり廻し、棍の上から１／３位の所を持つ。両手甲南向（周氏の棍**2**の同じ）

3　左足南退、右前屈立。右上段打

4

5　立ち方そのまま。右上段廻し受

6　立ち方、右手位置そのまま。左上段突

7

②挙動

8　左足北進、右後屈立。西方から北方に左下段払

9　立ち方、左手位置そのまま。右下段突

10

③挙動

11　右足北進、右前屈立。右手東方から北方下段に廻し、左手上段の位置で棍をほぼ垂直に立て下段受（以下この挙動を垂直下段受と称す）

12　立ち方そのまま、右上段打

13

14　立ち方そのまま、右上段廻し受。5と同じ

15　立ち方、右手位置そのまま。左上段突。6、7と同じ

16

④挙動

17　左足北進、右後屈立。西方から北方に左下段払。8と同じ

18　立ち方、左手位置そのまま。右下段突。9から10と同じ

19

⑤挙動

20　右足北進、右前屈立。右手東方から北方に垂直下段受。**11** と同じ

21　立ち方そのまま。右上段打。**12** から **13** と同じ

22

23　立ち方そのまま。右上段廻し受。**14** と同じ

24　立ち方、右手位置そのまま。左上段突。**15** と同じ

25

⑥挙動

26　右足位置そのまま、左転身。左足北退、南北線上、南向右前屈立。両手上段受（棍は南北線上で床と平行）。目は南方

27

⑦挙動

28　右足を左足に引き付け、南向閉足立。**2**の構え

⑧挙動

29　左足南進、右後屈立。左下段払

30　立ち方、左手位置そのまま。右下段突

31

⑨挙動

32　右足南進、右前屈立。右手西方から南方に垂直下段受

33　立ち方そのまま。右上段打

34

35　立ち方そのまま。右上段廻し受

36　立ち方、右手位置そのまま。左上段突

37

⑩挙動

38　左足南進、右後屈立。左下段払

39　立ち方、左手位置そのまま。右下段突

40

41　右足南進、右前屈立。右手西方から南方に垂直下段受

42　立ち方そのまま。右上段打

43

⑪挙動

44　左足位置そのまま、右足東進。右前屈立。右手南方から東方に垂直下段受。目は東方

45　立ち方そのまま。右上段打

46

47　立ち方そのまま。左手押し上げ、顎打、手甲北向。右手左肩上、手甲南向

48

49

50　立ち方そのまま。右手東方に伸ばし右上段打。再び右上段打。

51

52

53　立ち方そのまま。右上段廻し受

54　立ち方、右手位置そのまま。左上段突

55

⑫挙動

56　右足位置そのまま、左転身。東西線上、西向左前屈立。棍の中心で両掌を滑らせ、左手南方から西方に垂直下段受。目は西方

57

58

59

60　立ち方そのまま。左上段打

61

62　立ち方そのまま。右手押し上げ、顎打、手甲北向。左手右肩上、手甲南向

63

64

65　立ち方そのまま。左手西方に伸ばし左上段打。再び左上段打

66

67

68　立ち方そのまま。左上段廻し受

69　立ち方、左手位置そのまま。右上段突

70

⑬挙動

71　左足位置そのまま。右足北進、右前屈立。棍の中心で両掌をすべらせ、右手東方から北方に垂直下段受。目は北方

72

73

74　立ち方そのまま。右上段打

75

⑭挙動

76　立ち方そのまま。右上段廻し受

⑮挙動

77　左足北方に寄り足、右足前に着地と同時に右足北進、右前屈立。右掌の中を滑らせ左上段突

78

79

⑯挙動

80　左足北方に寄り足、右足前に着地と同時に右足北進、右前屈立。右掌の中を滑らせ左上段突

81

⑰挙動

82

83　80 から 82 と同じ

84

⑱挙動

85

86　右足南退、交差立となり、直ちに左足南退、右前屈立。右上段廻し受

87

88

89

90

⑲挙動

91　右足南退、交差立となり、直ちに左足南進、右前屈立。右上段廻し受

92

93

94

⑳挙動

95　左足位置そのまま、右足東進。目は北方のまま、足幅の狭い左後屈立。右手南方から東方に下段払。左手右肩前辺り

㉑挙動

96　左足位置そのまま。右足北進、南北線上、右前屈立。右上段打

㉒挙動

97　左足北方に寄り足、右足前に着地と同時に右足北進、右前屈立。両手上段突。

98

㉓挙動

99　左足北方に寄り足、右足前に着地と同時に右足北進、右前屈立。両手上段突。「気合」

100

㉔挙動

101　両足位置ほぼそのまま。左転身、南向突っ立。両手上段受（棍を南北線上で床と平行）。目は南方

㉕挙動

102　右足南進、右前屈立。右手西方上段から南方上段に斜め横打（棍の先端が長くなるよう、両掌の中をすべらせて打つ）

103

㉖挙動

104　左足南進、左前屈立。棍の中央で両掌をすべらせ、左手東方上段から南方上段に斜め横打

105

㉗挙動

106　右足南進、右前屈立。棍の中央で両掌をすべらせ、右手西方上段から南方上段に斜め横打。「気合」

107

㉘挙動

108　右足軸、左転身、左足南退。南北線上、右前屈立。右手東方から北方に垂直下段受。目は北方

109

110　立ち方そのまま。右上段打

111

112　立ち方そのまま。右上段廻し受

113　立ち方、右手位置そのまま。左上段突

114

㉙挙動

115　右足位置そのまま。左足を引き付け、閉足立。**2**の構え

㉚挙動

116　結び立。左手を棍から離し体側に伸ばす

釵

サイ

サイの握り方は基本の平握り。先端と柄の部分で突き中央の鉄棒部分で、受けや打ちを行う。鍔状の物は敵の刀や棒を引っ掛けるのに使う。握ったまま振り回すだけでなく、平握りから素早くて首を返し先端部分を回転させての回し打ちが、サイを使った最も特徴的な技である。平握りの状態で、棒や刀の攻撃を受けるので、前腕をしっかりとカバーする握りが必要とされる。平安初段をサイを使って演武する練習方法も、サイの使い方に馴染むためには有効な方法である。

構え

1　八字立。両手開掌、両体側に自然に伸ばす。両サイは両腰位置で帯に差し挟む。目は北方

①挙動

2　立ち方そのまま。両手平握りの要領で両サイ引抜き先端を返し、下段で両先端が軽く触れる位置で正持

3

4

②挙動

5

③挙動

6　両足位置そのまま。観空（大）の要領で、両サイをゆっくり上に挙げる。目は手の動きに合わせ、北方斜め上方

7

8

④挙動

9　立ち方そのまま。平握りに変えながら両手ゆっくり内側に弧を描き下ろす。目は北方

10

11

12

13

⑤挙動

14　右足位置そのまま。左足西進、右後屈立。左平握り下段払、手甲上向。右平握り引手、手甲北向。目は西方

⑥挙動

15　右足西進、右前屈立。右平握り中段追突、手甲上向。左平握り引手、手甲南向

16　立ち方、左手そのまま。右返し打、打った先端を元に戻し平握り

17

18

19

20

⑦挙動

21 左足西進、左前屈立。左平握り中段追突、手甲上向。右平握り引手、手甲北向

22 立ち方、右手そのまま。左返し打、打った先端を元に戻し平握り

23

24

25

26

27

⑧挙動

28 左足位置そのまま。右転身、東西線上、左後屈立。右平握り下段払、手甲上向。左平握り引手、手甲北向。目は東方

⑨挙動

29 左足東進、左前屈立。左平握り中段追突、手甲上向。右平握り引手、手甲南向

30 立ち方、右手そのまま。左返し打、打った先端を元に戻し平握り

31

32

⑩挙動

33 右足東進、右前屈立。右平握り追突、手甲上向。左平握り引手、手甲北向

34 立ち方、左手そのまま。右返し打、打った先端を元に戻し平握り

35

36

37

38

⑪挙動

39 左足位置そのまま。右足北進、南北線上、騎馬立。右平握り中段外受、手甲北向。左平握り引手、手甲南向。目は北方

40 立ち方、左手そのまま。右返し打、打った先端を元に戻し平握り

41

42

43

44

⑫挙動

45 左足北進、騎馬立。左平握り中段外受、手甲北向。右平握り引手、手甲南向

46　立ち方、右手そのまま。左返し打、打った先端を元に戻し平握り

47

48

49

50

51　右足北進、騎馬立。右平握り中段外受、手甲北向。左平握り引手、手甲南向

52　立ち方、左手そのまま。右返し打、打った先端を元に戻し平握り

53

54

⑭挙動

55 右足南退、右後屈立。左平握り上段受、手甲南向。右体側に同時右平握り下段払。手甲東向

⑮挙動

56 右足北進、右前屈立。両サイ正持に持ち替え、右上段横廻し打、手甲下向。左上段受、手甲南向

57

58

59

⑯挙動

60 左足北進、左前屈立。両サイ平握りに持ち替え、双手中段追突、両手甲上向

61

⑰挙動

62 右足北進、右前屈立。双手中段返し打、両手甲外向。「気合」

63

64

⑱挙動

65　右足南退、右後屈立。左正持下段払、手甲上向。右体側に右正持下段払、手甲上向

⑲挙動

66　左足南退、左後屈立。右正持下段払、手甲上向。左体側に左正持下段払、手甲上向

⑳挙動

67　右足南退、右後屈立。左正持下段払、手甲上向。右体側に右正持下段払、手甲上向

㉑挙動

68　両足位置ほぼそのまま、左前屈立。北方から両先端を上方に返し、平握りに持ち替え引手。直ちに双手中段突、両手甲上向。「気合」

69

70

71　右足位置そのまま、左足を引き寄せ八字立。両手正持に持ち替え、下段で両サイ先端が軽く触れる位置にゆっくり構える

㉒挙動

72

構え

73

㉓挙動

74　6から13と同じ

75

76

㉔挙動

77

78

79

㉕挙動

80　閉足立。両サイを左手平握りで持ち、両腕両体側に自然に伸ばす

参考

平握り
下段払

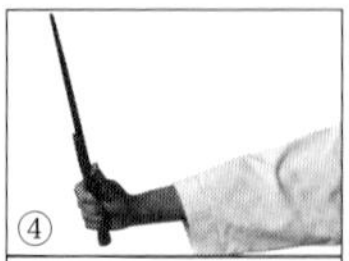

④

返し打

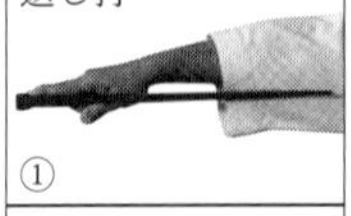

①

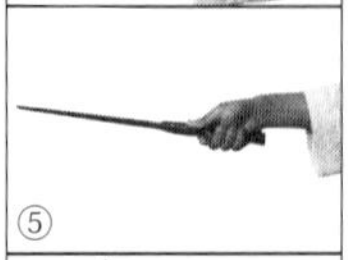

⑤

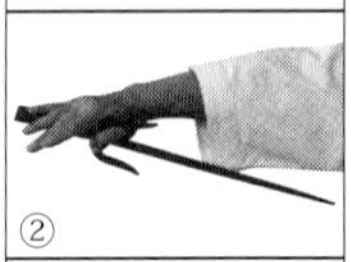

②

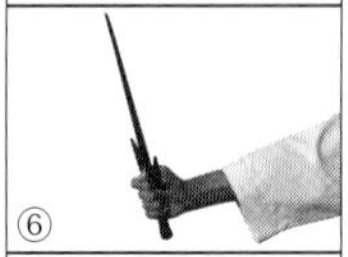

⑥

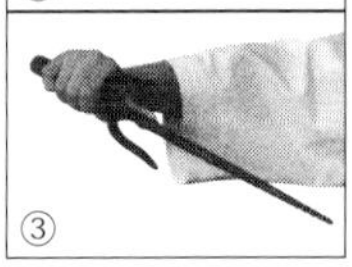

③

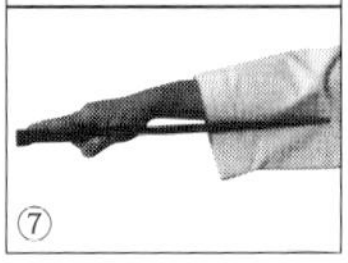

⑦

観空（大）

カンクウ（ダイ）

翁先生（船越義珍翁）は、昭和天皇が（皇太子殿下のときに）イギリスを訪問なさり、途中沖縄に立ち寄られた際初めて天覧演武をしたときも、また大正十一年本邦最初に文部省主催で演武したときも、高貴の方や斯界トップの方の前で演武するときは必ず〝公相君（観空）（大）〟をなさった由、お聞きしました。そのときに、空手の形で最もオーソドックスであり、品位があり、大切な形であると、いっておられました。そのことは若いときはあまり解せなかったが、今では、空手が沖縄の地で自然と文化に真に融合したことを表現出来ている形として、民族の歴史・武芸を感じ、至高の形であると確信している。

指定形との相違

（1）構えの右手が前―左手が前
（2）裏拳：打った拳の肘を伸ばしたまま――手首と肘のスナップを利かせる
（3）右脇の下に左手を入れてそこから縦手刀受け――左手で受けた敵の拳を右脇で絞りあげ、左縦手刀で相手の突き手の逆をとる。
（4）手刀受け：引手となる手と受け手となる手を胸元で交差させる――引手となる手を斜め後方下から振り回すように水月前に構える
（5）上段手刀打ち：前屈で逆半身――逆半身をしやすいように若干腰高の前屈
（6）レの字立ち下段払い：真半身――緩い半身
（7）伏せたとき：視線は４ｍ前方――視線は左肩越しに後方
（8）左下段払い内受けのとき：右拳は上段揚げ受けを少し右に外す――右拳は山構え
（9）下段払い内受けで受けた敵の足に正拳突き――左拳同様の右下段払い内受け
（10）上段諸手受けから回転：正確な前屈――若干腰高の前屈

構え

1　八字立。左右手刀の親指を開き右手上で人差し指、中指の先端と親指の中程を重ね、下腹部前拳一つ位離す

①挙動

2　立ち方そのまま、両手を離さずゆっくり拳上。両手止まることなく開き、ゆっくり円を描いて下段の位置で左掌を右手刀で軽く打つ

3

4

5

6

7

②挙動

8　右足位置そのまま、右後屈立。左上段背手受、右手刀。水月前添え手。目は西方

③挙動

9　両足位置そのまま、左後屈立。右上段背手受、左手刀。水月前添え手。目は東方

④挙動

10　両足位置ほぼそのまま。北向八字立。左手左肩口よりゆっくり中段縦手刀受。右手は前方より抱え込むように引手。目は北方

11

12　立ち方そのまま。右中段突、左拳引手

13　両足位置、左拳そのまま。歩幅の狭い左前屈立。右中段前腕内受

⑤挙動

14　両足位置そのまま、北向き八字立。左中段突、右拳引手

15　両足位置、右拳そのまま。歩幅の狭い右前屈立。左中段前腕内受

⑥挙動

16　東西線上、左足を両足中間点に引き寄せ、南方に右中段横蹴場同時に右上段裏拳打。左拳引手、目は南方

17

18　蹴った右足そのまま南進。南北線上、右後屈立。左手刀受

⑦挙動

19　右足北進、左後屈立。右手刀受

⑧挙動

20　左足北進、右後屈立。左手刀受

⑨挙動

21　右足北進、右前屈立。左掌中段打ち落とし、同時に右中段縦四本貫手。左手刀右肘下、水流れの構え。「気合」

⑩挙動

22　右足位置そのまま、左転身。南北線上、左前屈立。右上段手刀打、左手刀上段受。目は南方

23　左足位置、両手の形そのまま。右上段前蹴

24　蹴った右足そのまま南進。左転身、南北線上、右後屈立。右上下受。目は北方

⑪挙動

25　右足位置そのまま、左前屈立。右下段手刀打。同時に左掌上段流し受

26　右足位置そのまま。左足を引き寄せ突っ立（レの字立）。両腕を絞るように左下段払い。右拳引手

⑫挙動

27　右足位置そのまま、左前屈立。右上段手刀打、左手刀上段受

28　左足位置、両手の形そのまま。右上段前蹴

29　蹴った右足そのまま北進。左転身、南北線上、右後屈立。右上下受。目は南方

⑬挙動

30　右足位置そのまま、左前屈立。右下段手刀打。同時に左掌上段流し受

31　左足位置そのまま。左足引き寄せ突っ立（レの字立）。両腕を絞るように左下段払。右拳引手

⑭挙動

32　右足位置そのまま。東方へ左中段横蹴上、左上段裏拳打。目は東方

33

34　左前屈立。左中段猿臂

⑮挙動

35　左足位置そのまま。西方へ右中段横蹴上。右上段裏拳打。目は西方

36

37　右前屈立。左中段猿臂

⑯挙動

38　右足位置そのまま、東西線上。右後屈立。左手刀受。目は東方

⑰挙動

39　左足位置そのまま、右足南東進。南東線上、左後屈立。右手刀受。目は南東方

⑱挙動

40　左足位置そのまま、右足東進。東西線上、左後屈立。右手刀受。目は西方

⑲挙動

41　右足位置そのまあ、左足南西進。南西線上、右後屈立。左手刀受。目は南西方

⑳挙動

42　右足位置そのまま、左足南進。南北線上、左前屈立。右上段手刀打、左手刀上段受。目は南方

㉑挙動

43　左足位置、両手の形そのまま。右上段前蹴

44　蹴った右足そのまま南方に踏み込み、右添え足立、右上段縦裏拳打。左手は相手を掴み引き寄せ引手

㉒挙動

45　左足北退、南北線上、右前屈立。左拳そのまま、右中段前腕内受

46　立ち方そのまま、左右中段連突

47

㉓挙動

48　左足軸、左転身、北向一本足立。右足抱え込み。両腕外で両胸脇擦り上げ。右上段突、手甲北斜め下向。左手開掌、右手首外腕側に添え手。目北方

49　左足位置そのまま、右足北進。北方に低く伏し、両手指先支え。左足は虎趾を床に付け、踵を上げる。目は左肩越に南方

50　右足軸、左転身、南北線上。低い右後屈立。左手刀下段払、右手刀水月前。添え手

㉔挙動

51　右足南進、左後屈立。右手刀受

㉕挙動

52　右足軸、左転身、東西線上。左前屈立。左中段前腕内受。右拳引手。目は西方

53　右中段逆突

㉖挙動

54　左足軸、右転身、東西線上。右前屈立。右中段前腕内受、左拳引手。目は東方

55　左右中段連突（**56**含む）

56

㉗挙動

57　東西線上、左足を両足中間点に引き寄せ、南方に右中段横蹴上同時に右上段裏拳打。左拳引手。目は南方

58

59　蹴った右足そのまま南進。南北線上、右後屈立。左手刀受。目は北方

㉘挙動

60　右足北進、右前屈立。左掌中段打ち落とし、同時に右中段田縦四本貫手。左手刀右肘下、水流れの構え

㉙挙動

61　右足軸、左転身しながら右前腕回外、擦り上げられた。手首はずし

62　止まることなく左足北進。南北線上、騎馬立。左上段縦裏拳打、右拳引手。目は北方

63　直ちに騎馬立のまま北方に摺り足。左中段鉄槌打、右拳引手

㉚挙動

64　立ち方そのまま、北方、左掌に中段猿臂

㉛挙動

65　立ち方そのまま、右鉄槌を左引手の上に構えると同時に、顔を素早く南方に向ける

㉜挙動

66　立ち方、左拳そのまま。南方に右下段払

㉝挙動

67　右足軸、右転身、左足南進。南北線上、騎馬立。左手は転身と共に振り下ろし左前腕外下段蹴受、手甲斜め下向。右手片山構え。目は西方

㉞挙動

68　立ち方、左手そのまま。右手片山構えの位置から円を描くように左手下側に前腕外下段払、両手甲斜め下向

㉟挙動

69　両足位置ほぼそのまま、突っ立。両拳を開き上段十字受

㊱挙動

70　右足軸、両手の形そのまま。右転身、右足前突っ立。目は南方

㊲挙動

71　立ち方そのまま。両手を握りながらゆっくり下ろし

72　両拳ほぼ顎の高さになった瞬間左右二段蹴で南進

73

74　着地、右前屈立。右上段縦裏拳打。左手敵を掴むようにして引手。「気合」

㊳挙動

75　右足軸、右転身。右前腕内で中段蹴掬い受。目は西方

76　止まることなく北向八字立を行なう

77　右拳が右肩横辺りに行った時点で左拳横辺りに拳上。両拳ゆっくり大きく顔前交差。両腕両腿前に自然に伸ばす

78

79

80

参考

構え

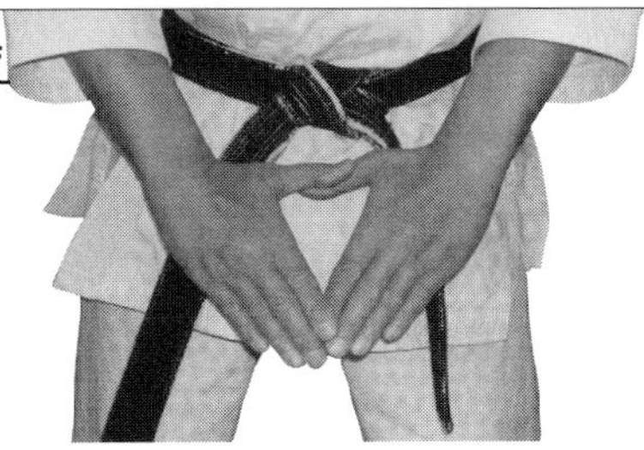

1　右手を上に重ねる。左手上で伝承されていた時代もある

③挙動

9

④挙動

10　左手で一旦中段突を払い、さらに払った腕を右腕で抱え、続けて左手で逆を取るように相手の体勢を崩す技法も伝承されている

11　また、左手の払い動作は、自らの着物の袂を手繰り、続く動作を容易にするという伝承もある

12

13

14

15

慈恩

ジオン

■指定形との相違点

（1）掻き分け：右手が手前——特にこだわらないが、足と連動させる考え方もある

（2）手刀受け：前項「観空大」（4）に同じ

（3）上下受けからの鈎付き：突き手を胸前に構えてから突く——上下受けの位置から一気に突く

（4）手首を腰から離さず掌底受け——手首を腰から若干離し掌全体で払う

（5）諸手受けからの左右下段払い：両拳とも体側まで引く——体側より若干手前で止める

（6）交差受けの後の左右下段払い：両拳とも体側まで引く——体側より若干手前で止める

（7）騎馬立ちになっての中段打ち落とし——不動立ちで相手の顔面から胸にかけて、脇と肘を固めて裏拳を振り落す。剣道の示現流のイメージ

構え

1　閉足立。右拳を左掌で包み。人中前、拳二つ離す

①挙動

2　左足南退、右前屈立。右中段前腕内受。同時に下段払

②挙動

3　左足ゆっくり北西進、左前屈立。ゆっくり双手中段掻き分。両手甲斜め上向。目は北西方

③挙動

4　左足位置、両拳そのまま。北西方に右中段前蹴

5　左足位置そのまま、蹴った右足そのまま北西進、右前屈いつ。右中段追い突

6　立ち方そのまま、左右中段連突

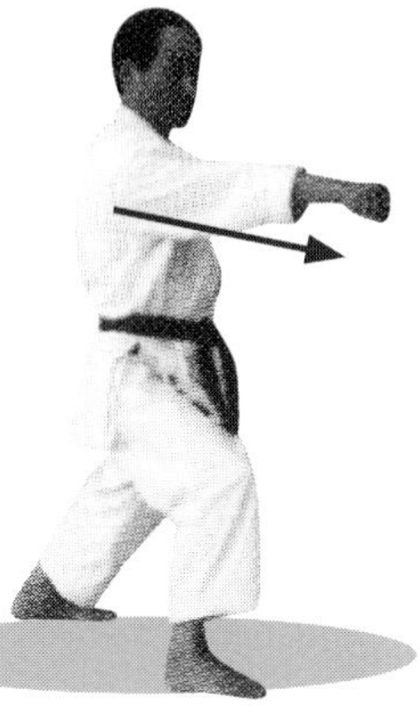

7

④挙動

8　左足軸、右足ゆっくり北東進。右前屈立。ゆっくり双手中段掻き分。両手甲斜め上向。目は北東方

⑤挙動

9　右足位置、両拳そのまま。北東方に左中段前蹴

10　右足位置そのまま、蹴った左足そのまま北東進、左前屈立。左中段追突

11　立ち方そのまま、右左中段連突

12

⑥挙動

13　右足位置そのまま。左足を南北線上に移動しながら右開手上段受。左拳引手、目は北方（このかたちで止まらない）

14　左足北進、左前屈立。左上段受、右拳引手

15　立ち方そのまま、右中段逆突

⑦挙動

16　右足北進しながら左開手上段受。右拳引手（このかたちで止まらない）

17　右前屈立。右上段受、左拳引手

18　立ち方そのまま、左中段逆突

⑧挙動

19　左足北進しながら右開手上段受。左拳引手（このかたちで止まらない）

20　左前屈立、右上段受、右拳引手

⑨挙動

21　右足北進、右前屈立。右中段追突。「気合」

⑩挙動

22　右足軸、左転身、左足東進。東西線上、右後屈立。右上下受。目は東方

⑪挙動

23　東方に摺り足、騎馬立。右鉤突、左拳引手

⑫挙動

24　両足位置そのまま、左後屈立。左上下受。目は西方

⑬挙動

25　西方に摺り足、騎馬立。左鉤突、右拳引手

⑭挙動

26　右足軸、左足南進、左前屈立。左下段払。右拳引手。目は南方

⑮挙動

27　右足南進、騎馬立。右中段平手受（南方からの中段突を西方から横に払う）

⑯挙動

28　左足南進、騎馬立。左中段平手受（南方からの中段突を東方から横に払う）

⑰挙動

29　右足南進、騎馬立。右中段平手受（南方からの中段突を西方から横に払う）

⑱挙動

30　右足軸、左転身、東西線上。右後屈立、右上下受。目は西方

⑲挙動

31　左足位置そのまま。右足引き付け北向閉足立。西方に左上段前腕内受（左片山構え）。右手左肩と左肘の中間に添え手。手甲下向

⑳挙動

32　右足東進、左後屈立。左上下受。目は東方

㉑挙動

33　右足位置そのまま。左足引き付け北向き閉足立。東方に右上段前腕内受（右片山構え）。左手右肩と右肘の中間に添え手。手甲下向

㉒挙動

34　立ち方そのまま。両拳ゆっくり胸前交叉。北方下段掻き分。両大腿部斜め前に構える。目は北方

35

㉓挙動

36　右足すばやく北進。北方に跳び込み、右添え足立。下段十字受

㉔挙動

37　右足位置そのまま。左足素早く南退、右前屈立。両体側双手下段払

㉕挙動

38　左足北進、左前屈立。双手中段前腕内受

㉖挙動

39　右足北進、右前屈立。上段十字受

㉗挙動

40　立ち方そのまま。右上段縦裏拳打。左前腕やや回内し上段受に近い形

41　立ち方そのまま。右上段前腕外流し受。手甲南西向。左中段の高さに下段払

42　立ち方そのまま、右上段縦裏拳打。左拳水流れの構え

㉘挙動

43　右足軸、左転身、左足東進。東西線上、左前屈立。左中段前腕内受、右拳引手。目は東方

㉙挙動

44　右足東進、右前屈立。右中段追突

㉚挙動

45　左足軸、左転身、右足西進。東西線上、右前屈立。右中段前腕内受、左拳引手。目は西方

㉛挙動

46 左足軸、右転身、右足西進。東西線上、右前屈立。左中段追突

㉜挙動

47 右足軸、左足南進、南北線上。左前屈立、左下段払。右拳引手。目は南方

㉝挙動

48 左足位置そのまま。右膝抱え込、南進踏み込、騎馬立。右中段前腕外落とし受。左拳引手

49

㉞挙動

50 右足位置そのまま。左膝抱え込、南進踏み込。騎馬立。左中段前腕外落とし受。右拳引手

51

㉟挙動

52 左足位置そのまま。右膝抱え込、南進踏み込。騎馬立。右中段前腕外落とし受。左拳引手

53

㊱挙動

54 右足軸、左転身、左足を引き寄せながら右手開掌、西方中段突掴み受。左拳右胸前構え（ここで止まらない）。目は西方。

55　東西線上、騎馬立。右手握拳、東方右胸前に手繰り寄せ、同時に西方に左中段鉄槌打

㊲挙動

56　左手開掌、東方中段突掴み受。右拳左胸前構え。目は東方

57　東方に摺り足、東西線上。騎馬立。左手握拳、西方左胸前に手繰り寄せ、同時に東方に右中段鉄槌打。「気合」

㊳挙動

58　左足位置そのまま。右足引き付け閉足立

あとがき

「熟年の初心者向けに、松涛館空手の稽古要領」を解説しながら、古くから慶應義塾に伝わる形の一部を、多くの方に知って頂けると有り難い、と思ったのが事の始まりである。この本は著者が昭和23（1948）年からご縁を頂いて、群馬県立館林高校在学時代、クラス担任の荻野祐洋先生から空手なるものを教えて頂いた事から始まる。すなわち終戦直後、目白の松涛館本部道場において、船越義豪師範の下で夜稽古師範代をなさっていた荻野祐洋先生から手ほどきして頂いたときから今日に至る、著者の空手に対する考え方や、組手以外の技術的解説がベースになっている。その後、著者が慶應義塾体育会空手部で、船越義珍師範はじめ部の多くの先輩方から教えて頂いた空手武術の概略を、大まかにまとめた案内書でもある。

荻野祐洋先生は当時群馬県立館林高校で英語の教鞭をとっておられ、かつ著者の高校時代三年間を通して、クラス担任であられた。当時空手道という武術を知っている人の数は極めて少なく、まして空手部がある高校は、全国でも数える程であった。当時20前後の館林高校空手部同級生の中では主将の遠藤侑男、副将の大橋信定等私より強い人がいて、レベルは高かった。珍しく群馬県の太田高校に空手道部があり、何回か交歓稽古という名の殴り合いに近い手合せがあったが、どちらが強いかは、表現や説明がとても難しい時代でもあった。群馬県邑楽郡小泉町（今の大泉町）に拓殖大の農学部があり、そこにも交歓稽古に出向いたが、「本校から他校との稽古そのものを禁止されていますから」と丁重に断られた。

これからも、空手や空手界の様子は変わっていくに違いないが、この平成26年2月に81歳になった私としては、現時点で習得内容のまとめをしておかなければ、間もなく記憶が喪失されてしまうのではないかと心配し始めた。すなわち結果として折角の稽古実績や稽古内容が無かった事になり、0に帰してしまうのは厭だなという思いが出始めた。何か形にして残したいな、という思いが強くなってきたので、文章は大の苦手の私であるが、書き残しに着手した次第である。それ程の値打ちのある内容ではないかもしれないが、関係者が上手に活用して下さると嬉しい。

松涛館関係の空手部がある慶應大はじめ、早稲田大、一橋大、法政大、拓殖大、防衛大、明治薬科大、日本空手協会等の関係団体が、昭和32（1957）年の船越義珍師範逝去後、毎年4月29日になると、石碑がある北鎌倉の円覚寺で、船越義珍師範のご遺徳を偲んで「松涛祭」という偲ぶ会を行ってきた。偶々数年前に、フランス国の空手道連盟から依頼を受けたシリル氏が、「松涛祭」を取材に来た際、現世界空手連盟の奈藏稔久理事と、知り合った。それが機縁で、シリル氏は慶應の道場に、何回も出入りする事になった。フランス空手連盟では慶應義塾に伝わる船越義珍師範の松涛館空手を、7巻に纏めたＤＶＤを、「『ＫＡＲＡＴＥ』Ｓｈｏｔｏｋａｎ」と命名して昇段審査時の教科書にするという。現在第4巻まで発売されており、シリル氏作成の、第5・6・7巻も続いて出版される予定になっている。

空手は沖縄で発祥し、世界に広まった武術であって、繰り返すが、大学では世界で初めて、慶應義塾が採用して今日まで継続している。慶應義塾の大学生、高校生、中学生、小学生と共に、OB も船越師範の空手を継続して稽古している。OB 稽古は東京 JR 中央総武線の信濃町にある慶應病院内の道場で行われる事が多い。毎週木曜日の午後 6 時半から続けている木曜会は平成 26（2014）年 1 月で 1740 回になるし、木曜会から派生した火曜会、土曜クラブ、日曜ゼミナール、もそれぞれ回を重ねて止む事を知らない。日曜ゼミナールでは部外者にも有料で指導している。

さて昭和 32（1957）年から、全日本学生空手道連盟で出来ないしやってはいけないとされていた試合が始められた。文部省の強い要請を受けて、渋々ながら慶應大 OB の小幡功、伊藤俊太郎、高木房次郎、村田和夫、拓殖大 OB の福井功、東大 OB の石塚氏等が智慧を絞って「武術空手のスポーツ的な部分」を取り出して、ルールを考案して、試合を始めたのである。「一撃必倒かつ相手に当てずに寸止めする」様子を見て、勝ち負けの判定を行うのは難しく、試合件数が著しく増えた今日でも、判定の客観性は未だに、関係者の頭痛の種である。しかし寸止めの空手はどんどん広がって行く。「当てないから壊れない、従って年輩者でも続けられる。」それゆえに世界の多くの国に広まった。客観的な判定法はこれからの課題である。

かつて、沖縄で「ティー」「手」「唐手」等と呼ばれていた格闘術が、組手試合を考案し怪我を防止する様工夫され、今では空手道と呼ばれて著しく広まっており、愛好者は、「世界 187 地域で、競技人口は 5000 万人」いるといわれている。

類似した競技や武術は非常に多いが、空手の広がりの様子とその概要を、全日本空手道連盟は 4 冊の本で解説した。関心の深い方は㈱チャンプが、2011 年 2 月 28 日に初版を発行し、「基本をきわめる！空手道」として 4 巻にわたって、解説し紹介しているから、教科書として参考になさるとよい。

平成 26 年 10 月
眞下欽一

《著者紹介》

眞下　欽一　ましも・きんいち

1933年、東京府東京市下谷区（現東京都台東区）生まれ。1951年に慶應義塾大学入学。先輩の命で大先生（船越義珍氏）の送り迎えを担当していたことも。1957年に同大学体育会空手部コーチ就任し、1965年から1969年同部監督を務めた。（公財）全日本空手道連盟公認八段および（公財）日本体育協会上級コーチ資格を所持。現在、木曜会日曜ゼミナール班の幹事を務めている。

拳～熟年空手と慶應の形～

2014年11月1日　第1版第1刷発行

著　者　眞下欽一
発行者　井出將周
発行所　株式会社チャンプ
〒166-0003　東京都杉並区高円寺南4-19-3　総和第二ビル2階
TEL：03（3315）3190
E-MAIL：champ@karatedo.co.jp
URL：http://www.karatedo.co.jp

印刷・製本／シナノ印刷株式会社
編集担当／戸口有莉

ISBN978-4-86344-012-8